Títulos relacionados

Procesos de gestión de calidad en hostelería y turismo

Soledad Carrasco Fernández

Autor: Soledad Carrasco Fernández
Diseño y maquetación: Artedís

ISBN 13: 978-84-283-3448-8
Depósito legal: M-23634-2013
Impresión: Cimapress

Impreso en España

Biografía

Profesora de Formación Profesional desde 1985, es Licenciada en Derecho por la UNED.

Funcionaria de carrera en la Familia Profesional de Administración y Gestión, ha desarrollado su labor profesional en institutos de enseñanza pública de Extremadura, Baleares y Madrid. En la actualidad imparte clases en el IES Luis Buñuel de Móstoles.

En los últimos años imparte de manera preferente los Módulos Profesionales de Comunicación, Gestión Comercial y Atención al cliente en los ciclos de Grado Medio y Grado Superior.

Es tutora de Formación en Centros de Trabajo desde 1999, por lo que colabora en la inserción laboral del alumnado con grandes empresas y pymes asentadas en la Comunidad de Madrid.

Es coautora del libro *Comunicación Empresarial y Atención al Cliente* de la editorial Santillana y colabora con la elaboración de artículos de corte histórico en la revista digital Anatomía de la Historia.

Índice

Introducción normativa

La Ley Orgánica 5/2002, de 19 de junio, de las Cualificaciones y de la Formación Profesional fue el primer texto legislativo que reguló de forma exclusiva las enseñanzas profesionales en España. Relaciona directamente la formación con el empleo, permitiendo las convalidaciones y equivalencias entre la Formación Profesional del sistema educativo, la Formación Profesional para el empleo y experiencia laboral. Para poder desarrollar estas medidas se creó el Sistema Nacional de Cualificaciones Profesionales y dos instrumentos básicos: el Catálogo Nacional de Cualificaciones Profesionales y el Catálogo Modular de Formación Profesional.

Las Cualificaciones profesionales responden a la iniciativa que impulsa el Marco Europeo de las Cualificaciones (MEC) para el aprendizaje permanente (EQF), que aspira a facilitar un espacio abierto de aprendizaje y de empleo, así como la adecuación entre oferta y demanda no solo a nivel estatal, sino entre los distintos países.

El Catálogo Nacional de Cualificaciones Profesionales ordena las cualificaciones profesionales, incluyendo el contenido de la formación profesional asociada a cada cualificación, de acuerdo con una estructura de módulos formativos articulados en un Catálogo Modular de Formación Profesional. Entre sus principales objetivos tiene el posibilitar la integración de las ofertas de formación profesional, adecuándolas a las características y demandas del sistema productivo.

Para conseguirlo, este Catálogo, además de identificar y definir las cualificaciones profesionales que requiere el sistema productivo, establece los contenidos formativos básicos que resultan necesarios para que las ofertas formativas garanticen la adquisición de las competencias profesionales apropiadas para el desempeño profesional.

Las Cualificaciones profesionales se acreditan mediante "Títulos" de Formación Profesional del sistema educativo, y Certificados de Profesionalidad de Formación para el Empleo. Ambas acreditaciones tienen carácter oficial y son válidas en todo el Estado.

Los contenidos asociados a las diferentes unidades de competencia de las cualificaciones profesionales constituyen el Catálogo Modular de Formación Profesional, que se estructura en módulos formativos.

Mediante la superación de los módulos formativos, diseñados en itinerarios específicos para cada Cualificación profesional, se puede obtener el Certificado de Profesionalidad correspondiente. Además, se posibilita la convalidación de determinados módulos profesionales incluidos en los títulos de Formación Profesional del sistema educativo, asociados a Unidades de competencia comunes.

El Certificado de Profesionalidad es, por tanto, el instrumento de acreditación oficial, en el ámbito de la Administración laboral, de las cualificaciones profesionales incluidas en el Catálogo Nacional de Cualificaciones Profesionales, adquiridas a través de procesos formativos o mediante procedimientos de reconocimiento de competencias profesionales que acreditan la capacitación para el desarrollo de una actividad laboral con significación para el empleo, que asegura la formación necesaria para su adquisición y que pueden ser adquiridas por experiencia laboral o vías no formales de formación, regulados por el Real Decreto 1224/2009, de 17 de julio.

ESTRUCTURA DE UNA CUALIFICACIÓN

Las Cualificaciones profesionales se estructuran en Unidades de competencia, que se definen como agrupaciones de tareas productivas específicas que debe realizar el profesional. Las diferentes Unidades de competencia de un certificado de profesionalidad conforman la Competencia general, definiendo el conjunto de conocimientos y capacidades que permiten el ejercicio de una actividad profesional determinada.

Cada Unidad de competencia lleva asociado un módulo formativo, donde se describe la formación necesaria para adquirir esa Unidad de competencia, pudiendo dividirse en unidades formativas.

El módulo formativo es el bloque coherente de formación asociado a cada una de las Unidades de competencia que configuran la cualificación. Cada módulo formativo tiene un formato normalizado que incluye los datos de identificación y las especificaciones de la formación que se incluyen en las ofertas formativas conducentes a la obtención de los certificados de profesionalidad.

DATOS DE IDENTIFICACIÓN:

- Denominación
- Nivel de cualificación al que se vincula.
- Unidad de competencia a la que está asociado.
- Código alfanumérico y duración en horas.

ESPECIFICACIONES DE LA FORMACIÓN:

- Capacidades: expresión de los resultados esperados de las personas en situación de aprendizaje al finalizar el Módulo Formativo.
- Criterios de evaluación: conjunto de precisiones para cada capacidad que indican el grado de concreción aceptable de la misma. Delimitan el alcance y nivel de la capacidad y el contexto en el que va a ser evaluada.
- Contenidos formativos necesarios para adquirir las competencias a las que se asocia. Requisitos básicos del contexto formativo: espacios e instalaciones y perfil profesional del formador. Estos requisitos tienen carácter orientador para la normativa básica reguladora de las ofertas formativas.

El presente libro desarrolla la Unidad Formativa denominada "Procesos de gestión de calidad en hostelería y turismo", Código: UF 0049, Duración: 50 horas

Es contenido transversal. Dicha unidad formativa está asociada a las Unidades de Competencia UC 0265_3 y UC 0268_3, que forman parte de los Módulos Formativos MF 0265_3 "Gestión de departamentos del área de alojamiento" y MF 0268_3 "Gestión de unidades de información y distribución turística" incluidos en diferentes certificados de profesionalidad de la familia de hostelería y turismo. Concretamente en los siguientes: HOTA0208 Gestión de pisos y limpieza en alojamientos; HOTA 0308 Recepción en alojamientos, HOTG0108 Creación y gestión de viajes combinados y eventos, HOTG0208 Venta de productos y servicios turísticos y HOTI0108 Promoción turística local e información al visitante.

Según el Real Decreto 1376/2008 de 1 de agosto, modificado por RD 685/2011 de 13 de mayo los contenidos que en esta obra se recogen corresponden con una duración de 50 horas de formación y de nivel 3.

Tanto la estructura como el desarrollo del libro se ajustan a los citados Reales Decretos y más concretamente a los contenidos de la Unidad Formativa que le da título "Procesos de gestión de calidad en hostelería y turismo".

1. La cultura de la calidad en las empresas y/o entidades de hostelería y turismo

- El concepto de calidad y excelencia en el servicio hostelero y turístico.
  - Necesidad de aseguramiento de la calidad en la empresa hostelera y turística.
  - El coste de medición y mejora de la calidad.
  - Calidad y productividad.
  - Herramientas la calidad y la no calidad.
- Sistemas de calidad: implantación y aspectos claves.
  - El modelo EFQM.
- Aspectos legales y normativos.
  - Legislación nacional e internacional.
  - Normalización, acreditación y certificación.
- El plan de turismo español Horizonte 2020.

2. La gestión de la calidad en la organización hostelera y turística

- Organización de la calidad.
  - Enfoque de los Sistemas de Gestión de la Organización.
  - Compromiso de la Dirección.
  - Coordinación.
  - Evaluación.
- Gestión por procesos en hostelería y turismo.
  - Identificación de procesos.
  - Planificación de procesos.
  - Medida y mejora de procesos.

3. Procesos de control de calidad de los servicios y productos de hostelería y turismo

- Procesos de producción y servicio.
  - Comprobación de la Calidad.
  - Organización y Métodos de Comprobación de la Calidad.
- Supervisión y medida del proceso y producto/servicio.
  - Satisfacción del cliente.
  - Supervisión y medida de productos/servicios.
- Gestión de los datos.
  - Objetivos.
  - Sistemas de información de la calidad a la Dirección.
  - Informes.
  - La calidad asistida por ordenador.
  - Métodos estadísticos.
- Evaluación de resultados.
  - Propuestas de mejora.

1. La cultura de la calidad en las empresas y/o entidades de hostelería y turismo

Introducción

En el sector del turismo y la hostelería, como en general en todo el entorno empresarial, se han producido numerosos cambios en las últimas décadas. Los mercados son cada vez más competitivos y los clientes demandan los mejores productos y servicios.

Con estas condiciones, la búsqueda de la calidad del servicio es una condición indispensable para las empresas en el actual contexto socioeconómico caracterizado por la globalización de los mercados, el aumento de la información y la exigencia de los clientes.

La calidad en las empresas de servicios, y todas las de hostelería y turismo lo son, se consigue con el cumplimiento o superación de las expectativas del cliente. Conseguir tanto productos como servicios de calidad requiere, no solamente implantar un sistema de gestión de calidad, sino que se deben aplicar esfuerzo y dedicación continuados en el tiempo y llevados a cabo por todo el personal de la empresa, desde la gerencia hasta los empleados de menor cualificación.

De este modo, la mejora continua de la calidad garantizará que lo que es bueno hoy seguirá siéndolo en el futuro. La gestión de calidad en hostelería y turismo es, por tanto, un factor de inestimable valía para aumentar la cuota de mercado y conseguir disminuir los costes en todas las áreas de la empresa.

La mejora de la calidad representa una importante fuente de ahorro, ya que unos productos y servicios mejorados disminuyen costes y pueden aumentar la rentabilidad. Por otro lado, incrementa la satisfacción de los clientes e influye en su fidelidad y, por último, puede convertirse en un factor de motivación y de integración de los trabajadores, ya que todas sus actividades estarán orientadas a conseguir un objetivo común.

Por todo ello es posible afirmar que la calidad es un elemento imprescindible para mejorar los beneficios de las empresas, asegurar su competitividad y su continuidad a largo plazo dentro del mercado.

1.1. El concepto de calidad y excelencia en el servicio hostelero y turístico

El sector de hostelería y turismo está formado por tres grandes ámbitos de actividad:

- **La restauración**, que comprende las actividades asociadas a la provisión de comida y bebida.
- **El alojamiento**, que engloba las actividades de pernoctación que se desarrollan en hoteles grandes y pequeños, pensiones, albergues, casas rurales, etc.
- **La planificación, gestión y comercialización turísticas**, que comprende las actividades destinadas a la gestión de servicios turísticos a través de terceros, agencias de viajes mayoristas o minoristas.

En cualquiera de estos tres ámbitos, la consecución de unos servicios de calidad resulta indispensable para el mantenimiento de la empresa y su competitividad y, también en los tres ámbitos, la calidad se consigue cuando se satisfacen las expectativas de los clientes.

La calidad del servicio es el principal factor de referencia para que las empresas proporcionen satisfacción a sus clientes y eleven, por tanto, sus niveles de competitividad.

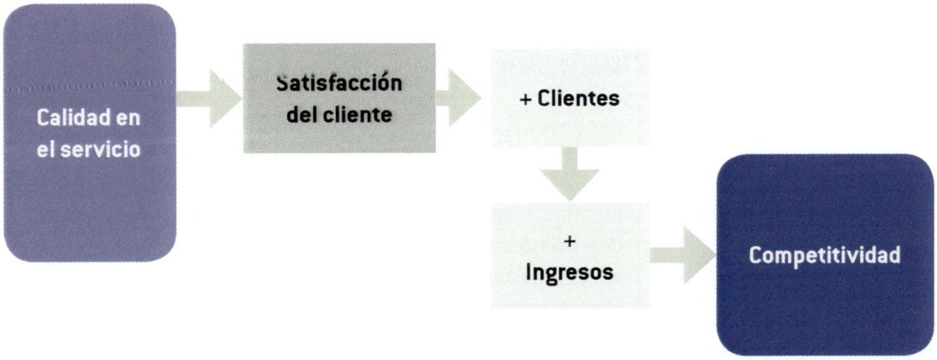

Figura 1.1. *Relación entre calidad del servicio y competitividad.*

Como podemos comprobar, la **satisfacción de los clientes** es el factor que relaciona la calidad con la competitividad, de manera tal que un cliente que perciba la calidad esperada se sentirá satisfecho, generará más adquisiciones y con ello la empresa obtendrá ventajas comparativas con respecto a sus competidores, o lo que es lo mismo: será más competitiva.

De este modo, la **calidad del servicio** es la medida de la satisfacción de las expectativas de los clientes en relación al servicio percibido.

La **calidad** en el servicio consiste en **igualar las expectativas** de los clientes a sus **percepciones** cuando reciben el servicio.

Tanto las expectativas como las percepciones son elementos subjetivos que solamente puede valorar el cliente de manera individual. Esto quiere decir que cada cliente tiene sus propios criterios para decidir si un producto o servicio es de calidad o no, porque atiende a sus valoraciones y percepciones individuales y no a las valoraciones de la empresa.

El hecho de que la calidad del servicio tenga este alto componente subjetivo no impide que las empresas puedan conocer qué factores influyen en las expectativas de los consumidores y a qué factores conceden valor estos últimos para generar sus percepciones.

Los factores que influyen en las **expectativas** de los consumidores son las recomendaciones, las necesidades personales, las experiencias anteriores y las comunicaciones externas.

FACTORES	DESCRIPCIÓN
Recomendaciones	Son una fuente de información procedente de personas a las que se le concede bastante credibilidad como familiares, amigos, blogs especializados, etc.
Necesidades personales	Necesidades fisiológicas, de seguridad, de estima, etc.
Experiencias anteriores	Circunstancias experimentadas en el pasado que proporcionan conocimientos acerca del servicio.
Comunicaciones externas	Comunicaciones procedentes de la empresa que prometen determinados aspectos relacionados con sus productos o servicios (publicidad).

Por otra parte, el cliente valora determinados elementos relacionados con el servicio y la empresa debe conocerlos y atender todos y cada uno de ellos. La percepción del cliente es un **promedio** de la valoración de cada uno de estos aspectos y no sirve que la empresa concentre su atención en uno o dos de estos elementos y descuide el resto, puesto que entonces la valoración del cliente será negativa y se generará insatisfacción.

Ejemplo: en un hotel determinado realizan la valoración de la satisfacción de los clientes basándose en cinco aspectos: accesibilidad, atención del personal, limpieza, decoración y calidad en la información recibida. Cada uno de estos aspectos se valora con un punto si la satisfacción es total. Si en el hotel cuidan al máximo solo tres de estos factores, ignorando el resto, la percepción global del cliente será insatisfactoria aunque la puntuación esté por encima de la media.

Por otra parte, los factores que el cliente valora, y que contribuyen a generar sus **percepciones** acerca de la calidad del servicio, son los siguientes:

FACTORES	DESCRIPCIÓN
Fiabilidad	Habilidad para realizar el servicio de modo preciso y fiable.
Capacidad de respuesta	Disposición y voluntad para ayudar a los usuarios y proporcionar un servicio rápido.
Seguridad	Conocimientos y atención mostrados por los empleados y habilidad para generar credibilidad y confianza.
Empatía	Capacidad de comprender los deseos de los clientes, mediante un proceso de atención individualizada.
Elementos tangibles	Apariencia de las instalaciones físicas, equipos, personal y medios de comunicación (folletos, carteles, etc.).

Para lograr la calidad en el servicio se tienen que igualar las expectativas del cliente con sus percepciones. Por tanto, podemos establecer el nivel de calidad de acuerdo a su grado de satisfacción.

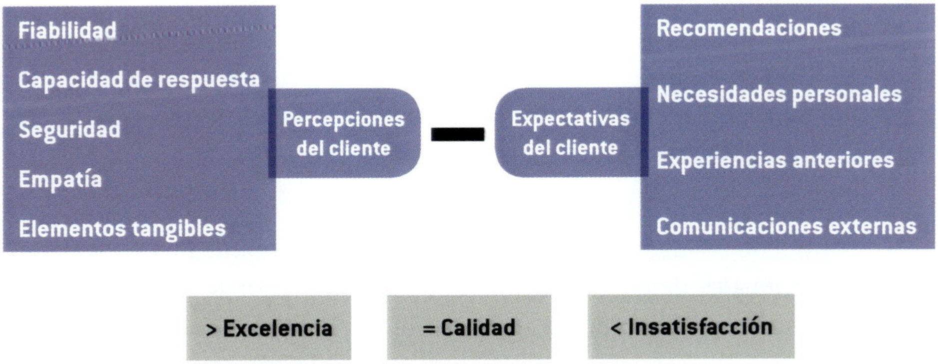

Figura 1.2. *Niveles de calidad del servicio*

Así, los tres niveles de calidad posibles en la prestación de servicios son:

- Calidad: la percepción del servicio se corresponde con las expectativas de la clientela.

- Excelencia: la percepción del servicio es superior a las expectativas.
- Insatisfacción: la percepción del servicio es inferior a las expectativas.

La **excelencia** es, por tanto, el nivel de calidad logrado cuando la **percepción** acerca del servicio recibido **supera a las expectativas** generadas al respecto.

1.1.1. Necesidad de aseguramiento de la calidad en la empresa hostelera y turística.

El aseguramiento de la calidad es uno de los cinco términos fundamentales en cuanto a calidad de las empresas de hostelería y turismo se refiere. Las definiciones de estos términos, según la Norma ISO, son los siguientes:

- Política de calidad: se trata del conjunto de orientaciones y objetivos generales de una organización en relación con la calidad, expresados formalmente por la dirección superior. La política de calidad es, por tanto, un elemento de la política general de una organización y debe ser aprobada por la dirección.
- Gestión de calidad: es el aspecto de la función general de gestión de una empresa que define y aplica la política de calidad. La obtención de la calidad deseada requiere de la participación y compromiso de todos los miembros de la organización y la responsabilidad por la gestión de calidad pertenece a la dirección superior. Por otro lado, la gestión de la calidad incluye la planificación estratégica, la asignación de recursos y otras actividades sistemáticas, tales como los planes de calidad, las operaciones, y las evaluaciones.
- Sistema de calidad: consiste en la suma de la estructura organizativa, las responsabilidades y los recursos para aplicar la gestión de calidad. Por lo tanto, el sistema de calidad debe corresponder a las necesidades de la empresa hostelera para cumplir con los objetivos de calidad.
- Control de calidad: el control de calidad incluye técnicas y actividades operacionales destinadas a mantener bajo control un proceso y eliminar las causas que generan comportamientos insatisfactorios en etapas importantes del ciclo de la calidad (espiral de calidad), para conseguir mejores resultados económicos.
- Aseguramiento de la calidad: consiste en todas aquellas acciones planificadas y sistemáticas necesarias para proporcionar la confianza adecuada de que un producto o servicio satisfará los requisitos de calidad establecidos.

El desarrollo de la definición de aseguramiento de la calidad, nos acerca a cada uno de sus aspectos para una mejor comprensión de los procedimientos para lograr el aseguramiento de la calidad.

- Conjunto de acciones planificadas: es decir, que están definidas de acuerdo a un plan previamente convenido.
- Sistemáticas: debe existir un sistema o método de actuación predefinido y documentado.
- Necesarias para proporcionar la confianza: con la aplicación de los procedimientos se deben asegurar los resultados. Quiere esto decir que con los mismos procedimientos se consiguen siempre los mismos resultados y esto genera confianza.
- Producto o servicio satisfará los requisitos de calidad establecidos: los esfuerzos deben centrarse en diseñar un Sistema de Calidad y dotarlo de los recursos y medios necesarios para garantizar que con él se satisfacen las exigencias en materia de calidad.

La base del aseguramiento reside en la elaboración de un "manual de calidad" donde se definan todos los procedimientos y en la aplicación de auditorías para evaluar el cumplimiento de los mínimos establecidos. Con ello, no se eliminan los errores o defectos pero se previene su aparición al definir de antemano la mejor forma de desarrollar los procesos. Con una adecuada definición de las tareas, en el caso de producirse algún fallo, este será detectado de inmediato y se podrán poner en marcha las medidas correctoras.

En el sector servicios de nuestro interés, se trata de conseguir la corrección antes de que el fallo llegue a ojos del cliente.

Para que el aseguramiento de la calidad sea completo, es preciso que los requisitos establecidos reflejen totalmente las necesidades de la clientela. Para que sea efectivo, el aseguramiento de la calidad requiere una evaluación permanente de aquellos factores que influyen en la gestión del servicio según las aplicaciones previstas, así como también verificaciones y auditorías periódicas.

La norma UNE-EN ISO 9000:2005 (AENOR, 2005:16) define el **aseguramiento** como:

Parte de la gestión de la calidad orientada a proporcionar confianza en que se cumplirán los requisitos de la calidad.

En definitiva, las empresas tienen asumido que es más rentable prevenir los fallos de calidad que corregirlos, por lo que se incorpora el concepto de la **preven-**

ción a la gestión de la calidad, bajo la denominación de "aseguramiento de la calidad".

1.1.2. El coste de medición y mejora de la calidad

Conseguir una mejora de la calidad lleva aparejado un menor coste. Es decir, buena calidad implica buena utilización de los recursos (equipos, mobiliario, material, información, recursos humanos, etc.).

De este modo, los costes de medición y mejora de la calidad representan una herramienta para que las empresas conozcan dónde y cómo se encuentran sus actividades de calidad, qué es necesario poner en marcha y qué cantidades se van a invertir para conseguir los niveles fijados.

Cualquier anomalía, desviación o defecto en la calidad significa un incremento de los costes, por lo que la prevención del error y la eliminación temprana de los defectos son actividades básicas de la gestión de la calidad, donde los costes representan una información fundamental.

El coste de la calidad es un sistema para determinar cuántos recursos se emplean en asegurar que el servicio es el adecuado y es conforme a los requisitos.

A) Clasificación de los costes de calidad

- **Costes tangibles**

  Son los que se pueden medir de forma objetiva y que son causados por la ausencia de calidad o para obtener la calidad especificada. Estos costes conllevan un desembolso por parte de la empresa.

  Ejemplo: el gasto de sustituir toda la cubertería de un determinado restaurante debido al desgaste y deficiente presentación de la anterior.

- **Costes intangibles**

  Son los costes que se valoran mediante sistemas subjetivos y que afectan a aspectos como la imagen de la empresa, pérdidas de reservas por insatisfacción de los clientes, aumento de los costes financieros por saldos excesivos de cuentas deudoras, exceso de productos almacenados, desmotivación del personal, etc.

  Este tipo de costes no suelen aparecer en la contabilidad tradicional y afectan tanto a la calidad como a la no calidad. Por ejemplo, consideramos como intangibles tanto los gastos en campañas de marketing para recuperar la imagen de marca, como el ahorro que supone en costes de publicidad que los establecimientos tengan buena imagen y se transmita por los clientes a través de las redes sociales.

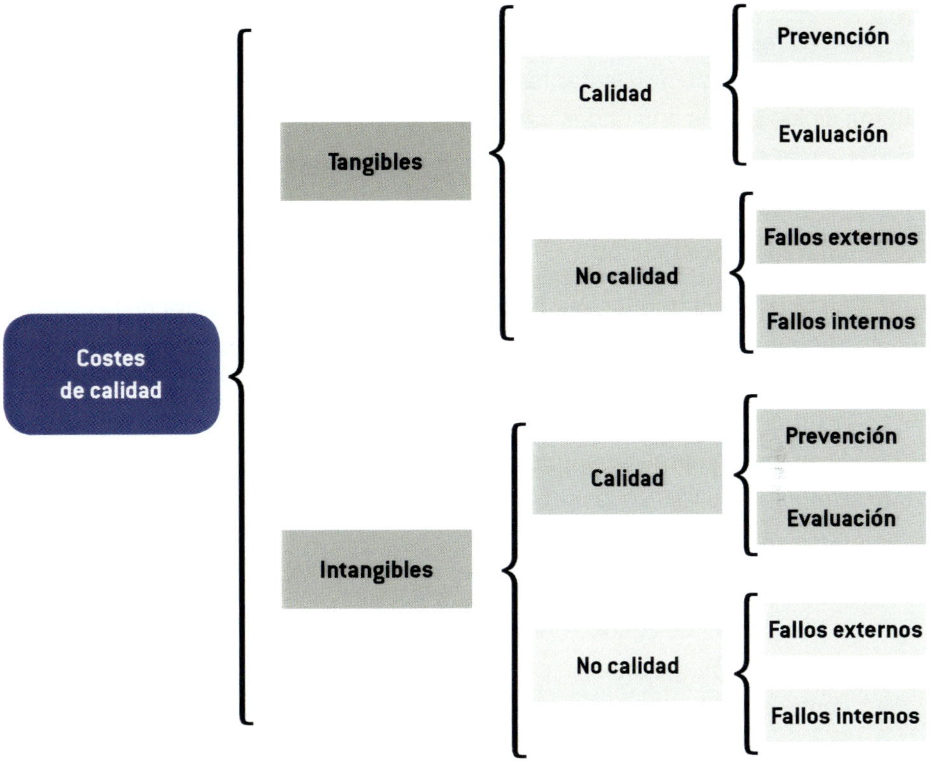

Figura 1.3. *Clasificación de los costes de calidad.*

Tanto los costes intangibles como los costes tangibles se clasifican o subdividen en costes de calidad y de no calidad.

- **Costes de calidad**

  Son aquellos en los que la empresa incurre para obtener la calidad. Estos costes son controlables y medibles puesto que es la propia empresa la que decide cuánto ha de invertir en la prevención y en la evaluación para la mejora de la calidad.

- **Costes de no calidad**

  Son los ocasionados por la falta de calidad de los productos y/o de los servicios. A diferencia de los costes de calidad, estos no pueden ser controlables de manera directa por la empresa, ya que son causados por errores o fallos.

B) Costes de prevención y evaluación

Como podemos observar en la figura 1.3., los costes de calidad, tanto tangibles como intangibles, se subdividen en costes de prevención y costes de evaluación.

A grandes rasgos, los costes de prevención son los que se producen cuando se intentan reducir o evitar los errores, y los costes de evaluación son la suma de los gastos originados para determinar si una actividad se ha realizado de modo correcto.

- **Costes de prevención**

  Son los directamente asimilables con los **costes de mejora** de la calidad. Son aquellos en los que incurre la empresa para evitar fallos en los productos y en los servicios. Por lo tanto, el coste de las actividades dirigidas a anticiparse a los posibles defectos en el diseño y desarrollo del producto, en las compras de suministros, en la adquisición de equipos e instalaciones, e incluso en la preparación del personal, se consideran costes de prevención.

  También deben incluirse en este apartado los costes de certificación de los sistemas de calidad conforme a las normas nacionales e internacionales. Del mismo modo, y como coste intangible de prevención, podemos considerar al ahorro que se conseguiría al seleccionar a los proveedores que contasen con certificados de calidad, ya que los costes de inspección y control a sus productos serían mucho menores al tener la certeza de que esos productos ya han superado determinados controles de calidad para obtener la certificación.

- **Costes de evaluación**

  En este caso, nos referimos directamente a los costes de **medición de la calidad**. Los costes de evaluación son los ocasionados por la inspección y control de los productos o servicios. Se incurre en estos costes al realizar inspecciones, pruebas y otras evaluaciones destinadas a determinar si los productos y servicios cumplen con los requisitos establecidos.

  Como costes de evaluación consideramos los gastos de auditorías de los sistemas de certificación de calidad basados en normas nacionales e internacionales. Estos costes garantizan que los productos no satisfactorios se identifiquen antes de que lleguen al cliente.

  Ejemplo: controles de calidad en las diferentes etapas de cocinado, costes de inspección de la limpieza de las habitaciones, etc.

1.1.3. Calidad y productividad

Podemos definir la productividad como la relación directa entre la producción obtenida y los recursos utilizados para generar dicha producción.

$$\text{PRODUCTIVIDAD} = \frac{\textbf{Producción de servicios de calidad}}{\textbf{Recursos utilizados}}$$

Otro modo de expresar la productividad es definirla como el cociente entre los bienes obtenidos (outputs; salidas) y los recursos empleados (inputs; entradas).

Este concepto de productividad, si bien es válido, debe experimentar una adaptación al sector servicios. La medida de la productividad en las empresas de hostelería y turismo ha de contar con que los "bienes obtenidos" son intangibles, heterogéneos y sin la posibilidad de comprobar los posibles defectos hasta el mismo momento de su realización. A diferencia de lo que sucede con los bienes, los servicios no pueden ser medidos, comprobados o verificados para asegurar su calidad antes de la venta.

> **Ejemplo**: un producto puede resultar defectuoso al no cumplir con las especificaciones para su fabricación. En ese caso, el producto puede ser sustituido por uno nuevo. En cambio, un servicio, como la pernoctación en un hotel, puede resultar insatisfactorio para el cliente y, en tal caso, el servicio solo puede ser objeto de algún tipo de compensación, pero no de la sustitución.

Comprobamos, por tanto, que la interacción entre la empresa y el cliente es un factor determinante para la productividad en los servicios. Por otro lado, si recordamos que la calidad consiste en igualar, o superar, las expectativas de los clientes a sus percepciones al recibir el servicio, la relación entre calidad y productividad es incuestionable.

Para evaluar la productividad dentro de este contexto es preciso tener en cuenta la perspectiva del cliente. Y el cliente solo considerará que un servicio es válido cuando se ha realizado dentro de sus parámetros de calidad.

La calidad, desde el punto de vista de la producción de productos o bienes, se entiende como el grado de cumplimiento con las especificaciones internas. Así, es posible utilizar una medida física para la productividad (por ejemplo, número de productos fabricados en un día), ya que el output solo incluirá los productos que cumplan con dichas especificaciones.

En cambio, la propia naturaleza de los servicios hace que la percepción de la calidad por parte del cliente sea determinante para el output. Esta percepción es difícil tenerla en cuenta por parte de las medidas físicas. La presencia de elementos intangibles dificulta medir la calidad y, por tanto, la productividad, de manera objetiva.

DIFERENCIAS ENTRE PRODUCTOS Y SERVICIOS	
PRODUCTOS (sector industrial)	**SERVICIOS (sector servicios/turismo)**
1. El producto es tangible	1. El servicio es intangible
2. La propiedad se transfiere con la compra	2. El servicio no transfiere la propiedad, sino que proporciona un derecho de uso
3. El producto puede ser revendido	3. La experiencia del servicio es intransferible
4. El producto se puede almacenar	4. El servicio no realizado se pierde
5. El producto puede probarse	5. El servicio no se puede probar
6. El consumo del producto es posterior a su producción	6. La producción y el consumo son simultáneos
7. Producción, venta y consumo pueden producirse en distintos espacios	7. Producción, venta y consumo se producen siempre en el mismo espacio
8. Los productos se pueden transportar	8. El cliente acude al lugar donde se preste el servicio
9. El cliente no participa en la producción	9. La presencia del cliente es indispensable para que se produzca el servicio
10. El contacto entre el cliente y el fabricante es indirecto	10. El contacto entre el cliente y el fabricante es, por lo general, directo

No obstante, sí que es posible realizar mediciones de la productividad, siempre que se tengan en cuenta, tanto para los inputs como para los outputs, la cantidad y la calidad.

Ejemplos de las posibles medidas físicas de la productividad son los que encontramos en la siguiente tabla:

PRODUCTIVIDAD	Habitaciones limpiadas (output) / horas de trabajo del personal de limpieza (input)
	Clientes atendidos (output) / número de empleados (input)
	Porcentaje ocupación (output) / número de camas (input)
	Número de habitaciones (output) / número de empleados (input)

La productividad total vendría determinada por el resultado del cociente entre los outputs e inputs totales en un determinado periodo de tiempo.

Productividad Total = Clientes atendidos / suma de los factores empleados

La calidad tiene una relación positiva y directa con la productividad ya que **con el mejor uso de los recursos disponibles para obtener un servicio de calidad, la productividad aumenta**. Esto implica que una mejora de la calidad permite una reducción de costes (es decir, una reducción del importe de los recursos empleados) debido a un menor número de revisiones del trabajo realizado, menores fallos y menores retrasos.

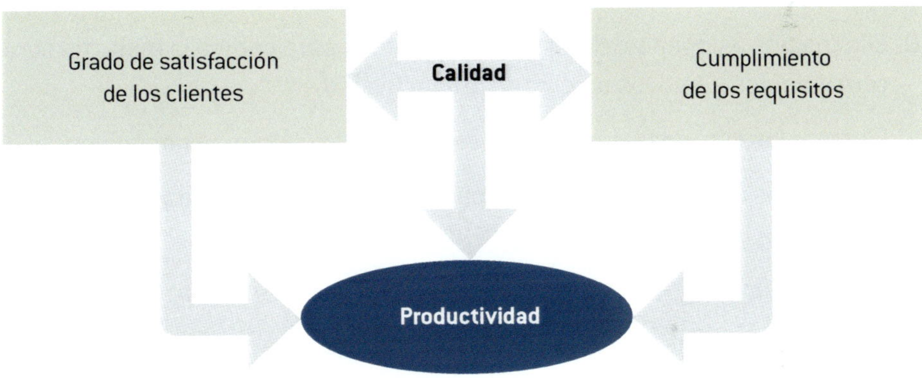

Figura 1.4. *Relación entre calidad y productividad*

Es posible evaluar la relación entre calidad y productividad desde el punto de vista de la gestión de ambas variables. A través del concepto de **gestión de la calidad total (TQM)** se consigue integrar la perspectiva de la empresa (más enfocada hacia la productividad) y la del consumidor (más enfocada hacia la calidad) o, lo que es lo mismo, la perspectiva interna de mejora de la eficiencia y la externa de satisfacción del cliente.

En la gestión de la calidad total se sitúa al cliente como el punto que guía a la actividad empresarial. La empresa se concibe como un flujo de actividades en torno a las que se realiza un trabajo que persigue la satisfacción del cliente.

El principal difusor del concepto de calidad total fue el profesor estadounidense William Edwards Deming, quien desarrolló el concepto a través de los conocidos como "**principios de Deming** para salir de la crisis". Estos principios son los siguientes:

1. Crear constancia en el propósito de mejorar el producto y el servicio, con el objetivo de llegar a ser competitivos y permanecer en el negocio, y de proporcionar puestos de trabajo.

2. Adoptar la nueva filosofía.
3. Dejar de depender de la inspección para lograr la calidad.
4. Acabar con la práctica de hacer negocios sobre la base del precio.
5. Mejorar constantemente y siempre el sistema de producción y servicio.
6. Implantar la formación en el trabajo.
7. Implantar el liderazgo.
8. Desechar el miedo, de manera que cada uno pueda trabajar con eficacia en la empresa.
9. Derribar las barreras entre los departamentos.
10. Eliminar los eslóganes, exhortaciones y metas para pedir a la mano de obra cero defectos y nuevos niveles de productividad.
11. Eliminar los estándares de trabajo en planta y la gestión por objetivos.
12. Eliminar las barreras que privan al personal del derecho a estar orgulloso de su trabajo.
13. Implantar un programa vigoroso de educación y auto-mejora.
14. Poner a todo el personal de la empresa a trabajar para conseguir la transformación. La transformación es tarea de todos.

La implantación de un sistema de calidad total no es un fin en sí mismo, sino un método de gestión, cuyo objetivo es optimizar la empresa, sus productos o servicios y, por consiguiente, la satisfacción del cliente, logrando a través de ella mejorar su competitividad en los mercados.

1.1.4. Calidad y gestión del rendimiento

El sector de la hostelería y el turismo se encuentra en un entorno globalizado y cada vez más competitivo. Los clientes de este sector son más exigentes y experimentados y ya no se centran solamente en el precio del servicio que consumen. Para hacer frente a esta situación, las empresas deben ofrecer un producto y un servicio de calidad, de manera que el incremento en la competitividad ha convertido la calidad en un factor de éxito para este sector.

La gestión de la calidad total (TQM) es, como hemos visto en el apartado anterior, una estrategia que puede aumentar la diferenciación y disminuir los costes de las empresas. Diferentes estudios han mostrado que la TQM puede influir positivamente sobre el rendimiento o el desempeño empresarial.

A) Factores de medida del rendimiento empresarial

El rendimiento empresarial no es un concepto fácil ni de medir, ni de definir. No obstante, diversos autores afirman que el rendimiento puede definirse desde tres enfoques: el financiero, el financiero y operativo y el de la efectividad organizativa.

El enfoque financiero ha sido el más empleado y también es el más limitado para medir el rendimiento de una empresa, ya que el cumplimiento de los objetivos no se puede medir únicamente a través de los resultados financieros que esta obtiene. Los indicadores suelen ser la rentabilidad, la productividad, la solvencia financiera y el volumen de ventas. Los inconvenientes de este sistema de medición son los distintos criterios contables y que, en cualquier caso, siempre hacen referencia a estrategias pasadas y no futuras. Por otro lado, no contemplan medidas cualitativas de la empresa.

El enfoque financiero y operativo ofrece una visión más amplia ya que incluye además de las anteriores medidas financieras, otras como la cuota de mercado, la introducción de nuevos productos, el nivel de calidad del servicio, la efectividad del marketing y otras medidas de eficiencia tecnológica.

El enfoque de la efectividad organizativa es bastante más amplio que los anteriores, ya que incluye el grado de satisfacción de todos los grupos de interés de la organización y el funcionamiento de esta como medida del rendimiento empresarial. En este sentido, el modelo de calidad EFQM incluye cuatro dimensiones de resultados: clientes, trabajadores, sociedad y proveedores.

Un cuadro que recoge los principales factores de medida del rendimiento es el siguiente:

Porcentaje de ocupación de habitaciones.
Nivel de satisfacción de los clientes.
Nivel de satisfacción de los empleados.
Ganancia de cuota de mercado.
Crecimiento medio de las ventas en los últimos cinco años.
Ingresos por habitación.
Beneficio bruto total.
Beneficio bruto por habitación.
Creación de riqueza (valor contable de la empresa frente a su valor de mercado).
Capacidad de generar beneficios en tiempo de crisis.

Fuente: Revista *Papers de Turisme* de la Generalitat Valenciana.

B) Compromiso con la TQM

Con el objetivo de analizar la relación entre las prácticas de calidad y el rendimiento empresarial, es preciso establecer unas variables que midan el grado de aplicación en las empresas del sector de la gestión de la calidad total.

La TQM se puede definir como un sistema de gestión orientado a alcanzar los objetivos de la empresa a través de la mejora continua y de la satisfacción de todos sus grupos de interés. Este sistema se apoya en un conjunto de prácticas para poder ser implantado en toda la empresa.

Los principios de Deming adaptados al sector turístico, pueden recogerse en el estudio de las siguientes diez variables:

La dirección está comprometida con la calidad.
Se conocen las necesidades actuales y futuras de los clientes.
Se colabora con los intermediarios (tour operadores, agencias, etc.) para mejorar el producto ofrecido en el establecimiento.
Se colabora con los proveedores (lencería, limpieza, alimentos, bebidas, etc.) para mejorar el producto ofrecido en el establecimiento.
Se forma al personal del establecimiento en materia de calidad.
Se fomenta la motivación de los empleados.
Se involucra a todo el personal en la elaboración del producto ofrecido.
Se identifican mejoras en el proceso de prestación del servicio.
Se controla el cumplimiento de objetivos y se corrigen las desviaciones.
Existe una cultura centrada en la mejora continua del producto ofrecido.

Fuente: Revista *Papers de Turisme* de la Generalitat Valenciana.

En estudios que analizan la relación existente entre el compromiso con la gestión de calidad y el rendimiento que alcanzan los hoteles, aquellos que muestran mayor compromiso con la gestión de la calidad son los que obtienen niveles significativamente más altos en el rendimiento económico, la satisfacción de clientes y empleados y en el beneficio bruto por habitación y día.

La conclusión que se deriva de esos estudios es que el compromiso de la dirección de los hoteles con la gestión de la calidad total se ve recompensado con efectos positivos sobre los resultados del establecimiento. Por tanto, las prácticas de la TQM pueden mejorar el rendimiento que alcanzan los hoteles.

C) La gestión del rendimiento

El éxito en las empresas depende de la gestión equilibrada de tres elementos: personas, procesos y recursos.

La gestión del rendimiento es también conocida por sus siglas en inglés PM (Perfomance Management)

El elemento fundamental es el de las personas, ya que son ellas quienes definen, gestionan y operan los procesos y los recursos.

Las personas que forman parte de una empresa deben centrarse en el logro de los objetivos empresariales. El rendimiento/perfomance proporciona información acerca del grado en que cada persona o equipo contribuye al logro de los objetivos.

Es necesario establecer un proceso para monitorizar, desarrollar, medir y reconocer los buenos rendimientos. Un programa de gestión del rendimiento es un proceso de evaluación del progreso hacia el logro de unos objetivos preestablecidos.

De nuevo encontramos la relación entre calidad y gestión del rendimiento, puesto que los conceptos del ciclo de Deming pueden servir de base para realizar una buena gestión del rendimiento. La calidad se fundamenta en los principios de **prevención** y **mejora continuas**. Esto significa que la calidad es un sistema continuado de gestión cuyo objetivo es prevenir y detectar errores, y tomar las medidas oportunas para corregirlos. De este modo, la calidad se representa como un ciclo de acciones preventivas y correctivas, conocido como **ciclo de Deming**.

Al llamado ciclo de Deming se le conoce asimismo como **modelo PDCA**. *PDCA* se corresponde con las iniciales en inglés de los cuatro pasos del sistema de mejora continua de la calidad: ***plan*, *do*, *check* y *act*.**

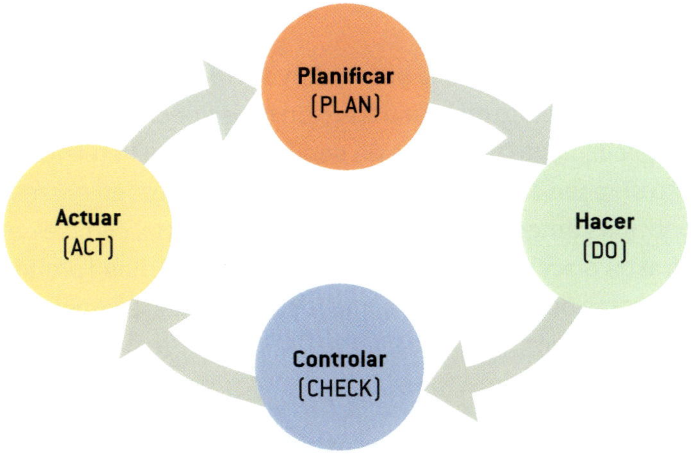

Figura 1.5. *El ciclo de calidad de Deming.*

Planificar (*Plan*)	Definir los objetivos y detectar los errores de los servicios.
Hacer (*Do*)	Aplicar las acciones de corrección.
Controlar (*Check*)	Verificar que se cumplen los objetivos previstos.
Actuar (*Act*)	Tomar las medidas preventivas para evitar futuros errores.

1.1.5. Herramientas la calidad y la no calidad

Tal como hemos estudiado en los apartados anteriores, uno de los fundamentos de la gestión de la calidad total es la anticipación a los problemas. El énfasis debe fijarse en la prevención de los errores más que en la corrección de estos una vez producidos.

Ofrecer un servicio de calidad implica hacer las cosas bien a la primera en lugar de buscar remedios o soluciones a los errores cometidos. Esto conduce a la cuestión de si la calidad eleva los costes de producción o si por el contrario los reduce. La experiencia en las empresas del sector de la hostelería y turismo lleva a la conclusión de que aunque la inversión en calidad suponga un aumento de costes, estos se recuperan a largo plazo, ya que la calidad supone un incremento de la productividad y, por ende, un aumento de los beneficios.

Los costes de la no calidad hacen referencia a aquellos que se producen como consecuencia de fallos o de errores, los que incumplen las exigencias de los clientes y, por tanto, se traducen en insatisfacción y en pérdidas.

La solución es implantar un tipo de gestión preventiva o de estrategia basada en hacerlo bien a la primera, mediante el estudio de cuáles son los posibles fallos y la elaboración de un plan para eliminarlos. Los principios de prevención y mejora continua del Ciclo de Deming cumplen con estos requisitos.

A) Costes de la no calidad

Son los que derivan de errores en la prestación de un servicio, tanto por desviaciones en los procesos como en la satisfacción de las necesidades de los clientes, aspecto especialmente relevante en sectores como el hotelero, en los que el cliente ejerce un papel fundamental. Se dividen, a su vez, en costes de fallos internos (producidos antes de la prestación de un servicio, como es el caso de desechos, retrasos o accidentes) y costes de fallos externos (producidos durante o tras la prestación del servicio, como reclamaciones, disminución de ventas o desmotivación de los empleados).

B) Costes de la calidad

Se dividen en costes de prevención, que están destinados a evitar la mala calidad, y costes de evaluación, relacionados con estándares de calidad. Entre los primeros se encuentran tareas de planificación y gestión de la calidad, formación, análisis de fallos o análisis de mercado. Entre los segundos se encuentran actividades de inspección, auditoría, certificación o análisis de la satisfacción del usuario.

Es importante tener en cuenta que los costes de la no calidad son inversamente proporcionales a los costes de la calidad. Es decir, que cuando se implanta un sistema de gestión de caliad, en principio los costes totales van a aumentar, pero a medida que el sistema produzca resultados, los costes disminuyen, al reducirse los costes por errores.

La conclusión es que es preferible incurrir en costes de calidad, sobre todo en prevención, hasta el momento en que estos sean mayores a las pérdidas por no calidad. En definitiva, para aumentar la productividad y el rendimiento de la empresa, es preciso diferenciar qué clase de costes se pueden reducir, sin olvidar que una mayor calidad implica siempre un coste.

1.2. Sistemas de calidad: implantación y aspectos claves

Un sistema de calidad es el instrumento en el que se apoya el método o modelo de calidad que la empresa elige para gestionar la calidad en función de sus principios y objetivos.

Los aspectos claves de un sistema de calidad son:

- Definición de un método de trabajo estándar (especificado en el cuaderno de autoevaluación de calidad).
- Establecimiento de un sistema documental.
- Ejecución de un método de trabajo.
- Cumplimiento de las especificaciones.

Si tomamos la definición de sistema según la RAE en su primera acepción "conjunto de reglas o principios sobre una materia racionalmente enlazados entre sí", nos encontramos con tres conceptos que, generalmente, generan confusión en cuanto a la gestión de la calidad:

Calidad Total: es una filosofía en la que se busca la excelencia en los resultados de las organizaciones.

EFQM (European Foundation for Quality Model): es una organización dedicada a hacer tangibles los principios de la calidad total para que se puedan aplicar a las empresas. Para ello ha desarrollado un modelo de gestión de la Calidad Total o Excelencia.

ISO 9000: es una normativa desarrollada por la ISO (International Standard Organization) para el aseguramiento de los sistemas de calidad de las organizaciones.

La diferencia más importante es que la Calidad Total es una filosofía, el Modelo EFQM es un modelo de Calidad Total y la ISO 9000 es una norma que pretende gestionar/asegurar la calidad de los sistemas.

Por tanto, la Calidad Total no puede considerarse en sí como un sistema de gestión, ya que sus principios deben hacerse tangibles a través de un modelo. Este modelo es el EFQM.

En cuanto a la relación entre el Modelo EFQM y la ISO 9000 comprobamos que ambos conceptos coinciden en dos aspectos básicos:

- Están diseñados específicamente para la mejora de la calidad de los servicios y productos y con ello para el incremento de la competitividad de la empresa.
- Los dos consiguen una mejora de los resultados en las organizaciones que los implantan.

Las diferencias entre estos sistemas son las siguientes:

En primer lugar como se ha especificado anteriormente se distinguen en que uno es una norma y el otro es un modelo de Calidad total.

Por otro lado, la norma ISO 9000 constituye, con frecuencia, una parte del proceso que engloba el modelo EFQM.

Además, el modelo EFQM tiene vigencia en Europa mientras que la norma ISO 9000 está extendida por todo el mundo.

A diferencia de la norma ISO 9000, el modelo EFQM no permite la obtención de ningún certificado sino que establece criterios y subcriterios que son evaluados por la empresa para establecer sus puntos débiles y fuertes y para planificar las estrategias correspondientes.

Cada empresa determinará la conveniencia de implantar un sistema u otro para la puesta en marcha de los planes de calidad y la consecución de sus objetivos.

1.2.1. El modelo EFQM

En 1992 se creó el Modelo de Excelencia EFQM, como vía para la autoevaluación y la determinación de los procesos de mejora continua en entornos empresariales públicos y privados. Es el organismo con más relevancia tanto a nivel nacional como regional para el reconocimiento de la calidad. Está desarrollado por la Organización que lleva su mismo nombre, la Comisión de la Unión Europea y la European Organisation for Quality (EOQ).

El modelo EFQM no se basa en normas sino en una herramienta para la gestión de la calidad. Para el EFQM la gestión de la calidad debe medirse a través de la satisfacción de necesidades y expectativas de sus clientes, de su personal y de las demás entidades implicadas.

El objetivo es orientar la organización hacia el cliente. Para el éxito de la implantación del plan de calidad es imprescindible la implicación de toda la organización y, en especial, de la dirección.

El modelo desarrollado por la European Foundation for Quality Management (EFQM, 1992, 1999, 2003, 2010 y 2013), parte de la utilización de los procesos como vías a través de las cuales la empresa encauza y libera las aptitudes de su personal, con objeto de obtener ciertos resultados. Es decir, las personas y los procesos son los agentes facilitadores que conducen a los resultados.

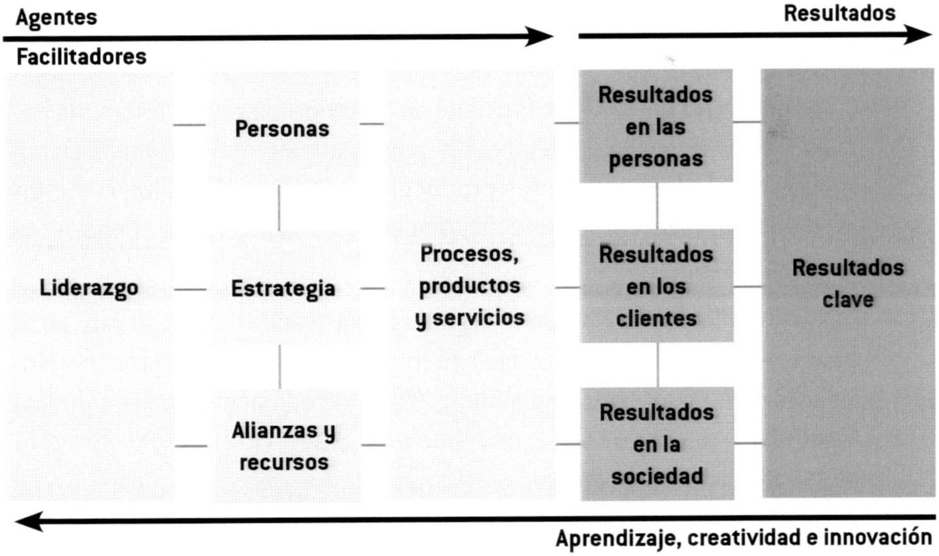

Figura 1.6. *Modelo EFQM según versión 2013*

La satisfacción del personal, la satisfacción del cliente y un favorable impacto social, se consiguen mediante el liderazgo, que dirige y desarrolla la estrategia, se ocupa de la conducción y gestión del personal, de las alianzas y recursos y de los procesos que llevan finalmente al logro de la excelencia en los resultados del negocio.

Cada uno de estos nueve elementos, a los que se les atribuye un peso diferente en la organización expresado en puntos, constituye un criterio, que a su vez se divide en subcriterios, hasta un total de treinta y dos, y se utilizan para valorar el progreso de la organización hacia la Gestión de la Calidad Total (TQM).

El objetivo del modelo se materializa mediante la integración de tres componentes:

- **Conceptos fundamentales de la excelencia:** son un total de 8 principios básicos que constituyen los cimientos esenciales para que cualquier organización alcance una excelencia sostenida. Pueden utilizarse como base para describir los atributos de una cultura organizativa excelente. Además, proporcionan un lenguaje común para la alta dirección. Estos ocho conceptos, revisados para la versión de 2013, son:

  - **Añadir valor para los clientes**. Es una mejora del antiguo Concepto que tenía el mismo título. Como cambios significativos: se hace alusión a que las organizaciones excelentes añaden constantemente valor a los clientes, se nombra específicamente "clientes existentes y potenciales", y se hace referencia a la transformación de sus necesidades expectativas y potenciales requisitos en propuestas de valor atractivas y sostenibles.

  - **Crear un futuro sostenible**. Proviene del anterior Concepto "Asumir la responsabilidad de un futuro sostenible". Se ha puesto mayor énfasis en que las organizaciones excelentes producen un impacto positivo en el mundo, y que su crecimiento tiene incidencia en las condiciones económicas, ambientales y sociales.

  - **Desarrollar la capacidad de la organización**. Podríamos decir que es un Concepto nuevo, aunque recoge aspectos abordados, de alguna manera, en anteriores Conceptos del Modelo 2010. Recoge aspectos de cómo las organizaciones excelentes, mediante una gestión del cambio eficaz, incrementan sus capacidades.

  - **Aprovechar la creatividad y la innovación**. Proviene del anterior Concepto "Favorecer la creatividad y la innovación". Resulta interesante que se hace mención a que las organizaciones excelentes utilizan un enfoque estructurado para generar y priorizar ideas creativas.

  - **Liderar con visión, inspiración e integridad.** Tiene el mismo título del Concepto que aparece ya en el Modelo 2010. Se producen pequeños matices, y se incide en otros aspectos como liderar con transparencia, integridad y con capacidad de respuesta por las actuaciones de los líderes.

– **Gestionar con agilidad**. Es un Concepto nuevo. Hace hincapié en que las organizaciones excelentes se reconocen por su habilidad para identificar y responder de forma eficaz y eficiente a oportunidades y amenazas.

– **Alcanzar el éxito mediante el talento de las personas**. Concepto que proviene del antiguo "Alcanzar el éxito mediante las personas". Como se puede deducir del propio título, aparece la importancia de atraer, desarrollar y retener el talento en las organizaciones. También se añade los aspectos de la diversidad de las personas y de las comunidades y mercados en los que la organización opera.

– **Mantener en el tiempo resultados sobresalientes**. Este Concepto es una revisión y mejora del anterior Concepto "Lograr Resultados Equilibrados". Aparece en el propio Concepto la importancia de alcanzar resultados sobresalientes que se mantengan en el tiempo, pero con un matiz de alcance: en el contexto de su entorno operativo. También es interesante la alusión a que las organizaciones excelentes proporcionan beneficios sostenibles a todos sus grupos de interés.

- **Modelo EFQM de Excelencia:** marco conceptual que permite a las organizaciones llevar a la práctica y hacer realidad los conceptos fundamentales de la excelencia. Permite a los directivos líderes de las organizaciones comprender las relaciones causa-efecto que existen entre lo que la organización hace y los resultados que obtiene.

El nuevo Modelo EFQM de Excelencia 2013 se ha presentado en el reciente Foro de la EFQM. Los Modelos 2010 y 2013 convivirán durante el año 2013. A partir del 1 de enero de 2014, solo podrá utilizarse el Modelo 2013

- **Esquema lógico REDER:** herramienta poderosa de gestión y esquema dinámico de evaluación que constituye el eje central que permite a una organización afrontar los retos que debe superar para hacer realidad la excelencia sostenida. Proporciona un enfoque estructurado para analizar el rendimiento de cualquier organización. También sirve como base al sistema de puntuación del Premio EFQM a la Excelencia.

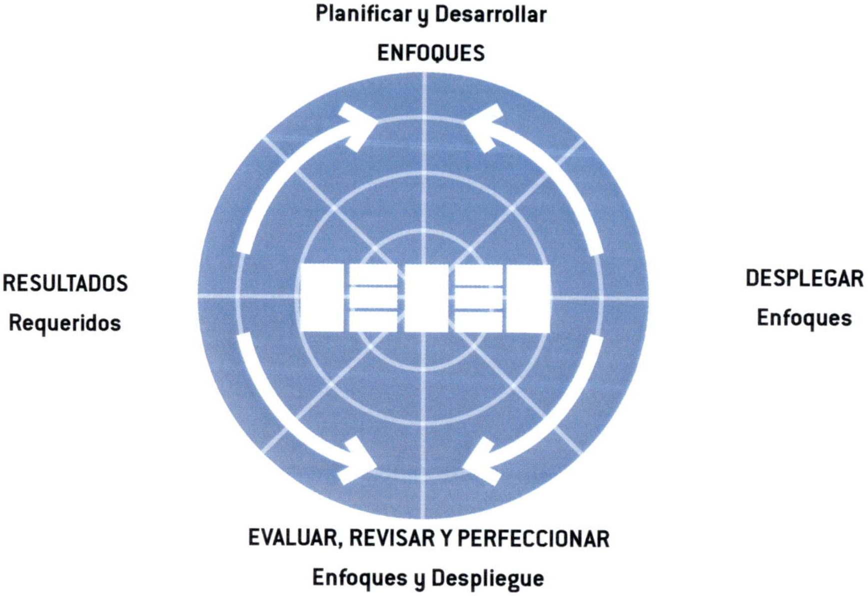

Figura 1.7. *Esquema REDER*

1.3. Aspectos legales y normativos

La legislación específica correspondiente a la calidad en empresas de hostelería y turismo se encuentra dividida en dos grandes bloques:

- **Normas de calidad turística:**

  Desarrolladas fundamentalmente por el ICTE (Instituto para la Calidad Turística Española) y las Normas ISO 9001.

- **Normas en hoteles y servicios de restauración:**

  La UNE 182001 recoge requisitos para la prestación del servicio de hoteles y apartamentos turísticos. El texto describe un modelo de gestión por procesos cuyo fin último es lograr la satisfacción del cliente.

  Los establecimientos dedicados a la restauración disponen de la serie de normas españolas UNE 166700 que recogen distintos requisitos para la aplicación de políticas de calidad. Son diez documentos que se refieren a cuestiones como higiene, atención al cliente o formación del personal entre otras.

  Normas en la cocina de un restaurante, que son diversas normas UNE e ISO que regulan los procedimientos de calidad y seguridad en las cocinas.

1.3.1. Legislación nacional e internacional

A) Normas de calidad turística

En el sector turístico han aparecido una serie de iniciativas tendentes a desarrollar modelos y herramientas que permitan a las empresas implantar sistemas de gestión de la calidad orientados a mejorar su competitividad, así como el servicio prestado a los clientes.

La defensa del cliente o consumidor se realiza a través de sistemas de inspección, y es la regulación pública la que toma la iniciativa. Así, surge un conjunto de normas sobre estándares mínimos de cumplimiento obligatorio en diversas materias, entre las que se encuentra la clasificación en categorías de los establecimientos turísticos. Cada categoría se asocia a un conjunto de atributos físicos y servicios, regulándose así aspectos relacionados con las infraestructuras y el equipamiento, cuyo cumplimiento se garantiza a través de la inspección. En España la categoría de los hoteles es identificada con estrellas y su clasificación es realizada por cada Comunidad Autónoma.

Desde los años noventa cobra importancia la gestión de la calidad en el sector turístico español, debido al gran número de destinos turísticos similares al nuestro fuera de nuestras fronteras y nace la necesidad de diferenciarse.

- **LA MARCA Q**

  Con el apoyo de las distintas Asociaciones y Federaciones empresariales del Sector Turístico español, la Secretaría General de Turismo, a través de las actuaciones del **Sistema de Calidad Turística Española (SCTE)**, prestó la asistencia técnica necesaria para desarrollar sistemas de calidad en los diversos sectores.

  Hasta el momento de la constitución del **ICTE (Instituto de Calidad Turística Española)** seis sectores habían desarrollado su propio sistema de calidad y en todos existía un órgano gestor del sistema, que tenía como objetivo básico trabajar en la mejora de la calidad de su propio sector.

  Estos sectores creyeron en la conveniencia de la creación de un ente gestor único, con carácter intersectorial, que velara por la adecuación de los objetivos comunes, permitiendo un ahorro considerable de esfuerzos y reforzando la coherencia del sistema, facilitando finalmente la credibilidad y la promoción necesaria a la **Marca de Calidad Turística Española**. Nació de esta manera el ICTE, que fue constituido en abril del año 2000.

  La Marca Q, el elemento más visible de todo el Sistema, cuya denominación genérica es 'Calidad Turística Española', y es común a cualquier actividad relacionada con los servicios o productos turísticos. El ICTE administra y gestiona en exclusiva dicha Marca emitiendo en su caso la correspondiente actualización para su uso y vigilando la adecuada utilización. La Marca Q cumple las siguientes funciones:

- **Normalización**: creación, desarrollo, actualización y revisión de las Normas de Calidad Turística adaptadas al mercado y asistencia a los sectores turísticos en el desarrollo de normas ISO.
- **Certificación**: reconocimiento al esfuerzo realizado por las empresas turísticas en la implantación de Sistemas de Calidad mediante la concesión del sello de Calidad Turística Española y su Marca, la "Q".
- **Promoción**: del Sistema de Calidad Turístico Español así como de su Marca, la "Q" de Calidad Turística, como elemento visible del Sistema y de los establecimientos que la ostentan a través de campañas de publicidad, presencia en ferias, ponencias, publicaciones, notas de prensa, boletines informativos, etc.
- **Formación:** organización de cursos, presenciales y en línea, dirigidos a auditores, técnicos, delegados del ICTE, profesionales del sector, expertos en calidad turística y estudiantes universitarios.

■ Normas de Calidad según la Marca Q

CALIDAD TURISTICA

Figura 1.8 *Marca Q de Calidad Turística Española*

Las Normas de Calidad de Servicio son los documentos donde se indican los requisitos que una empresa debe cumplir para obtener la certificación de Marca de Calidad Turística Española. Estas Normas se generan por grupos representativos de empresarios del sector según las necesidades del mercado.

Aunque las Normas de Calidad de Servicio son de carácter voluntario, para aquellas empresas que quieran obtener la certificación de la Marca de Calidad Turística Española son de obligado cumplimiento.

Las Normas de Calidad de Servicio establecen dos tipos de requisitos, unos relacionados con la prestación del servicio y otros con las técnicas utilizadas para conseguir la calidad de esos servicios.

Los requisitos de las normas de calidad son:

- Sistema de calidad: mecanismos de control que se consideran indispensables para garantizar la calidad de los servicios.
- Estándares de calidad: definen niveles de consecución en los servicios o de ejecución en los procesos correspondientes.
- Comprobaciones físicas: se definen grados sobre el funcionamiento y la limpieza de las áreas del hotel.

Las Normas Turísticas que se han desarrollado en el ámbito del sistema turístico español se posicionan entre la ISO 9000 y el Modelo de Excelencia Empresarial (EFQM), por lo que amplían los aspectos relacionados con la mejora continua que abarca la ISO 9000.

- **Sistema de certificación según la Marca Q**

Para obtener la certificación es necesario pasar una auditoría realizada por una entidad auditora acreditada por el **ICHE (Instituto para la Calidad Hotelera Española)**.

Los aspectos que se valoran en la evaluación son los siguientes:

a) Criterio de evaluación del Sistema de Calidad

Se evalúa (del 1 al 10) si la empresa tiene definido un sistema de calidad y si ha documentado los procedimientos que va a realizar. Además de la definición de los procesos se evalúa si se están aplicando las pautas establecidas en la documentación que se ha generado.

b) Criterio de evaluación de los estándares de Calidad

Se evalúan los procesos que se llevan a cabo para prestar el servicio al cliente y si estos procesos cumplen con los estándares de Calidad.

c) Criterio de evaluación de la comprobación física

Se evalúan dos aspectos, por un lado el exterior (estética y armonía, espacio suficiente, limpieza e iluminación) y por el otro el interno, es decir, el funcionamiento de los procesos y el trabajo del día a día del personal.

Para poder obtener la certificación Q de Calidad es necesario seguir una serie de pasos:

1. Petición de adhesión al SCTE.
2. Visita del organismo al establecimiento.

3. Formación inicial del equipo de calidad.
4. Evaluación del establecimiento (auditoría interna).
5. Formación en herramientas de calidad.
6. Elaboración de planes de mejora.
7. Solicitud de certificación.
8. Elección de la entidad externa que realizará la certificación.
9. Realización de auditoría de certificación.
10. Informe de entidad certificadora.
11. Comité certificación obtención Q.
12. Seguimiento del nivel de calidad.
13. Auditoría, seguimiento y renovación de la certificación.

Esta certificación es una herramienta útil dirigida a cualquier entidad turística que quiera ofrecer sus clientes un servicio de calidad, acorde a sus expectativas en los siguientes sectores:

- Alojamientos Rurales, UNE 183001
- Establecimientos Balnearios, UNE 186001
- Campings y Ciudades de Vacaciones, UNE 184001
- Campos de Golf, UNE 188001
- Convention Bureau, UNE 187005
- Empresas de Turismo Activo, UNE 188003
- Espacios Naturales Protegidos, UNE 187002
- Estaciones de Esquí, UNE 188002
- Establecimiento de Tiempo Compartido, UNE 185001
- Hoteles y Apartamentos turísticos, UNE 182001
- Instalaciones Náutico Deportivas, UNE 188004
- Ocio Nocturno, UNE 188005
- Oficinas de Información turística, UNE 187003
- Palacios de Congresos, UNE 187004
- Patronatos de Turismo, UNE 187007
- Playas, UNE 187001

- Servicios de Restauración, serie de normas UNE 167000
- Servicios Turísticos de Intermediación, UNE 189001

- **LAS NORMAS INTERNACIONALES ISO 9001**

El aspecto normativo de la calidad se desarrolla también a través de las **normas internacionales ISO 9001.**

Además de ser una plataforma ideal desde la que avanzar hacia otras certificaciones de sistemas de gestión del medio ambiente, la seguridad o la responsabilidad social, ISO 9001 permite a la pequeña y mediana empresa situarse al nivel de las más grandes, equiparándose en eficiencia y compitiendo en igualdad de posibilidades en el agresivo mercado actual.

Entre otras ventajas, tiene la posibilidad de cumplir con clientes que, cada vez más, requieren proveedores certificados, aumentar la posibilidad de incrementar sus ventas en la Unión Europea, mejorar los sistemas de calidad propios, así como la documentación y los proveedores en cuanto a desempeño, e igualmente generar una mayor confianza entre proveedores y clientes.

Esta norma internacional promueve la adopción de un enfoque basado en procesos cuando se desarrolla, implanta y mejora la eficacia de un sistema de gestión de la calidad, basado a su vez en el ciclo de mejora continua PDCA (Planificar, Hacer, Comprobar, Actuar).

– **Beneficios ante el mercado:**
  - Mejorar la imagen de los productos y/o servicios ofrecidos.
  - Favorecer su desarrollo y afianzar su posición.

– **Beneficios ante los clientes:**
  - Aumento de la satisfacción de los clientes.
  - Eliminar múltiples auditorías con el correspondiente ahorro de costes.
  - Acceder a acuerdos de calidad concertada con los clientes.

– **Beneficios para la gestión de la empresa:**
  - Servir como medio para mantener y mejorar la eficacia y adecuación del sistema de gestión de la calidad, al poner de manifiesto los puntos de mejora.
  - Cimentar las bases de la gestión de la calidad y estimular a la empresa para entrar en un proceso de mejora continua.
  - Aumentar la motivación y participación de personal, así como mejorar la gestión de los recursos.

El sistema de gestión UNE-EN ISO 9001es compatible e integrable con la certificación de Q Calidad Turística.

Figura 1.9 *Logo identificativo de la ISO 9001*

B) Normas en hoteles y servicios de restauración

Al igual que las normas específicas de calidad para el turismo, las normas en hoteles y servicios de restauración proceden de la legislación nacional e internacional en cuanto a sistemas de gestión de calidad y procedimientos para la certificación de los servicios en ese sector.

La mayor parte de las normas de calidad en hoteles y servicios de restauración son normas **UNE (acrónimo de Una Norma Española)** que son las aprobadas por **AENOR (Asociación Española de Normalización y Certificación)**. Esto quiere decir que esas normas de calidad están adaptadas a la legislación nacional.

Además de las mencionadas UNE 182001 y UNE 166700, existen numerosas normas UNE e ISO que son de obligada aplicación en aquellos restaurantes que pretendan obtener la certificación correspondiente. En la siguiente ilustración, procedente de la sección Normas en nuestra vida de la revista AENOR, se muestran las principales normas en la cocina de un restaurante.

1.3.2. Normalización, acreditación y certificación

Según el Real Decreto 2200/1995 de 28 de diciembre se aprueba el Reglamento de la Infraestructura para la Calidad y Seguridad Industrial en España y se definen tres tipos de organismos, cada uno correspondiente a las actividades de normalización, acreditación y certificación.

A) La normalización

La normalización consiste en la elaboración y aprobación de normas mediante las que se unifiquen criterios respecto a determinadas materias, y se posibilite la utilización de un lenguaje común en campos de actividad concretos.

Figura 1.10. *Normas en la cocina de un restaurante.*

Una norma es un documento de aplicación voluntaria que contiene especificaciones técnicas basadas en los resultados de la experiencia y del desarrollo tecnológico.

Las normas son el fruto del consenso entre todas las partes interesadas e involucradas en la actividad objeto de la misma. Además, deben aprobarse por un Organismo de Normalización reconocido.

Las normas garantizan unos niveles de calidad y seguridad que permiten a cualquier empresa posicionarse mejor en el mercado y constituyen una importante fuente de información para los profesionales de cualquier actividad económica.

Dentro del ámbito voluntario, los organismos existentes son:

- Organismo Internacional para la Normalización (ISO): es un organismo que establece las normas a cumplir en el ámbito internacional.
- Comité Europeo de Normalización (CEN): aplica la normativa en el ámbito europeo.
- Asociación Española de Normalización (AENOR).

B) La acreditación

La acreditación es el reconocimiento formal de la independencia y la capacidad técnica de un organismo de evaluación de la conformidad para desarrollar su labor con arreglo a requisitos reconocidos internacionalmente.

Generalmente suele existir uno por país, en España es **ENAC**. Según su propia definición "ENAC es una entidad privada, independiente y sin ánimo de lucro cuya función es coordinar y dirigir en el ámbito nacional un Sistema de Acreditación conforme a los criterios y normas establecidas en la Unión Europea (EN45003 y EN45010), e internacionalmente".

C) La certificación

La certificación es la acción llevada a cabo por una entidad independiente de las partes interesadas mediante la que se manifiesta que una organización, producto, proceso o servicio, cumple los requisitos definidos en unas normas o especificaciones técnicas.

Los organismos de certificación son entidades cuya finalidad es validar el cumplimiento de una determinada empresa, ya sea el producto, el proceso o el servicio según los requisitos definidos en normas ISO, EN y/o UNE o especificaciones técnicas.

Dichos organismos se encuentran agrupados en dos asociaciones que son:

- **IQNET**: actualmente esta compuesto por 36 organismos de certificación distribuidos a nivel mundial. En España AENOR es miembro de IQNET.
- **IIOC** (Organización Internacional Independiente de Certificación), agrupa a varias compañías multinacionales de certificación.

1.4. El plan de turismo español Horizonte 2020

El Plan Nacional e Integral del Turismo Español es una iniciativa del Gobierno de España que establece los objetivos, medidas y el modelo de seguimiento para mejorar la competitividad del Sistema Turístico Español en el marco temporal de 2012 a 2015.

El PNIT se concibe como respuesta a las principales necesidades manifestadas por el sector turístico, destacando los siguientes aspectos fundamentales:

- Liderazgo del Gobierno de la Nación para alinear las voluntades de actores y los recursos en un proyecto común.
- Colaboración público – privada asegurando el alineamiento tanto en el diseño de políticas, como en el ámbito de decisión y financiación de la inversión en promoción turística.
- Diseño de políticas transversales para la toma de decisiones y el establecimiento de estrategias, afectando a todos los organismos de la Administración General del Estado (AGE), y a los diferentes niveles de la administración (Europea, Estatal, Autonómica y Local).
- Establecimiento de un marco y una estructura institucional que estimule la mejora competitiva en las empresas, poniendo especial énfasis en el fomento de un mercado único, facilitando la aproximación de las legislaciones en todo el territorio nacional.
- El *destino turístico España* debe de funcionar de forma alineada, con una visión innovadora en el diseño de las políticas: España como destino al servicio del turista.

Para su diseño se han tenido en cuenta iniciativas anteriores, por lo que el PNIT integra y complementa los siguientes Planes:

- **Plan Horizonte 2020** del Turismo Español: en el que se recoge la visión acordada entre los diferentes niveles de la Administración Pública, el sector privado y los agentes sociales para el turismo español en términos de estrategia general.
- Plan Estratégico de Marketing.

Figura 1.11. *El* Destino España *es uno de los aspectos fundamentales del PNIT*

- Plan Integral de Calidad del Turismo Español.
- Plan Litoral S.XXI.

De este modo, comprobamos que **el Plan Horizonte 2020 está en la actualidad subsumido dentro del vigente PNIT.**

En el plan Horizonte 2020 se diagnostican una serie de factores críticos que supondrán la estrategia turística de futuro para España.

Los aspectos que se destacan son (Secretaría General de Turismo, 2007):

1) La situación del turismo español se encuentra en una situación competitiva como consecuencia del establecimiento de un modelo turístico:

   a. España es el segundo país receptor de turistas a nivel mundial y con una elevada experiencia y conocimiento del sector.

   b. El turismo supone un motor de desarrollo para la economía del país.

   c. Supone una contribución al PIB alrededor del 11%, dato que ha permanecido estable durante la última década.

   d. Es una de las alternativas de equilibrio de la Balanza de Pagos.

   e. Emplea de forma directa a 2,3 millones de personas.

   f. Supone un impulso para el desarrollo de otras actividades económicas relacionadas.

2) A su vez, existen una serie de aspectos que deben ser revisados:

a. La excesiva dependencia del producto "sol y playa".

b. Los indicadores turísticos se mantienen estables frente a una competencia que va en aumento.

c. La productividad evoluciona a un ritmo inferior que el de los sectores más punteros de la economía.

d. Existen algunos destinos que se encuentran altamente saturados, suponiendo un riesgo para la sostenibilidad medioambiental y urbanística.

e. El grado de concienciación de la sociedad española frente al turismo es bajo en relación a la importancia que supone.

f. Existe una carencia generalizada en las áreas de formación y gestión de las personas que dificultan la mejora de la calidad turística.

g. Las políticas turísticas han estado demasiado enfocadas a la promoción del destino descuidando aspectos relacionados con el producto turístico.

h. Es necesaria una mayor conversación entre el sector público y privado para conseguir el desarrollo de procesos de calidad, la innovación y la mejora continua del sector.

Frente a esta situación, el plan Turismo 2020 propone seis áreas de trabajo que permitirán el desarrollo estratégico del turismo. El objetivo general es fundamentar el modelo turístico español en el desarrollo sostenible y competitivo a medio y largo plazo. Las áreas en cuestión son:

1) Las personas: son la "cara del negocio" y su gestión y formación son aspectos clave para el éxito del sector turístico. El negocio turístico depende de las personas en tanto son la "cara" del negocio y quienes prestan el servicio. Por tanto parte del éxito y la satisfacción de las expectativas de los clientes pasa por la buena gestión de las personas.

2) Desarrollo sostenible: el medioambiente y la masificación son aspectos fundamentales para la continuidad de un destino además de ser variables que afectan la elección, o no, de una determinada zona. El modelo turismo 2020 busca conciliar una rentabilidad con la sostenibilidad.

3) Mejora de los productos: este punto de la estrategia turística busca conseguir unos productos turísticos de calidad. Pese a la gran importancia del turismo de sol y playa quiere revisarse el concepto y poner en auge otros tipos de turismo que aseguren la continuidad y mantenga altos niveles de calidad y crecimiento.

4) Marketing: es necesario un replanteamiento de las estrategias de marketing turístico para continuar atrayendo turistas en un entorno cada vez más competitivo.

   Para ello se considera imprescindible el conocimiento de la demanda, uso de herramientas de marketing relacional, ajustar los productos a las necesidades de los clientes, desarrollo de acciones orientadas a segmentos específicos.

5) Innovación: es necesario innovar en los procesos empresariales para desarrollar modelos de negocio eficientes y rentables que permitan atraer más turistas y mejorar el ingreso medio. En este punto se destaca la necesidad de mejorar la oferta de alojamiento ante una mayor demanda de servicios de comunicación y mejora de la calidad.

6) Agentes: es la última línea de trabajo del plan y afecta a los agentes involucrados en el desarrollo de turismo español. Se requiere un liderazgo conjunto que afecte tanto a agentes públicos como a agentes privados. Los agentes públicos son capaces de aportar imparcialidad y defensa de intereses comunes, mientras que los privados mayor conocimiento de los productos y mayor eficiencia económica.

En el plan turismo 2020, que marca las grandes líneas estratégicas para el turismo español de los próximos años, pude contemplarse que la **calidad** aparece como un aspecto subyacente entre las líneas de reflexión. Es necesaria una mejora en la formación de las personas, un convencimiento por la mejora continua, una mejora de los procesos, una mayor eficiencia en el desarrollo de los productos. Todos estos son aspectos relacionados con la calidad e implican una voluntad estratégica por seguir estudiando el concepto y continuar aplicando los principios para poder mantener los niveles del sector turístico y no ceder ante la elevada competencia que aparece en el sector mundial ante los nuevos destinos emergentes.

Los principales retos que se plantean en la redacción original del Plan Horizonte 2020 son los siguientes:

1. Mejorar las metodologías y herramientas de soporte a la planificación turística y su traslación a la ordenación territorial y urbanística.
2. Adaptar a las nuevas tendencias el diseño, desarrollo y comercialización de los productos turísticos de los nuevos destinos emergentes.
3. Adecuar los sistemas de gestión y comercialización de las empresas turísticas a las necesidades del nuevo entorno.

4. Mejorar la presencia en mercados lejanos y segmentos de valor en los mercados europeos.
5. Establecer una estrategia de retención y fidelización de la demanda actual, especialmente de los españoles.
6. Romper la fuerte estacionalidad de los flujos turísticos
7. Adaptar el modelo de gestión de recursos humanos para mejorar la capacidad de atraer y retener el talento.
8. Mejorar el entorno competitivo.

En lo que respecta a la calidad, el plan Horizonte 2020 la plantea como uno de los aspectos del eje Valor al cliente:

EJE VALOR AL CLIENTE

ESPAÑA EXPERIENCIAL

Desarrollar la "España Experiencial" promoviendo la generación de productos turísticos de alto valor para el cliente, con referentes de amplio reconocimiento basados en la identidad y singularidad de los destinos.

POSICIONAMIENTO 2020

Alcanzar un posicionamiento turístico nuevo y diferencial para la creación de valor de cara al horizonte 2020 mediante la combinación de atributos comunes y otros diferenciales según clientes-productos.

TRANSFORMACIÓN DE LA GESTIÓN Y COMERCIALIZACIÓN

Impulsar la transformación de los procesos de comercialización, potenciando la gestión de la relación con el cliente y la adaptación permanente a los nuevos entornos y espacios de relaciones creados por las tecnologías, canales y tendencias.

CALIDAD PERCIBIDA

Impulsar una cultura del detalle y atención al cliente antes, durante y después del viaje, capaz de mejorar la calidad percibida con parámetros de servicio y satisfacción del cliente.

EJERCICIOS

1.1. ¿Qué es el ICTE?

a. Instituto de Cooperación Turística Española.

b. Instituto de Calidad Turística Española.

1.2. ¿Cuáles son los Organismos de normalización de las normas ISO 9000?

1.3. ¿Cómo se define el modelo EFQM?

1.4. ¿Cuáles son las ventajas para la empresa después de implantar un sistema de calidad?

1.5. ¿Qué relaciona a la calidad y al rendimiento?

1.6. Enumera y define los costes de mejora de la calidad.

1.7. ¿Qué diferencia existe entre acreditación y certificación?

1.8. ¿En qué consiste el aseguramiento de la calidad?

1.9. ¿Cuál es el principal indicador del servicio de hostelería y turismo? ¿por qué?

1.10. ¿Qué diferencia al sistema ISO 9000 del Modelo EFQM?

2. La gestión de la calidad en la organización hostelera y turística

Introducción

El progreso en la calidad cumple con dos objetivos que son complementarios: por una lado, se consigue la satisfacción del cliente y, por otro, aumenta la productividad y la competitividad de la empresa al mejorar la gestión de los procesos y disminuir los costes, lo que a su vez crea mayor confianza y fidelización del cliente.

Por otra parte, el poder del consumidor cada vez es mayor. Ya no se conforma con lo que le ofrece el mercado sin más, sino que elige y exige su satisfacción antes de realizar una compra o decidirse por un servicio. Las empresas deben ofrecer mejores niveles de servicio, productos de mayor calidad, con mejor distribución y asistencia y una diferenciación palpable con respecto a los competidores.

Las políticas de gestión de la calidad representan una pieza fundamental para conseguir que las empresas incrementen su competitividad en este contexto de mercado actual y de exigencia de los consumidores. La gestión de la calidad es, de este modo, una prioridad estratégica para las organizaciones en todo el mundo, debido a su relevancia como medio para adquirir y mantener una posición de liderazgo.

El concepto de calidad en el servicio y, por consiguiente, la aplicación de sistemas de gestión de calidad, se ha incorporado a los establecimientos del sector de hostelería y turismo como criterio ineludible de la competitividad y la estrategia del sector.

En definitiva, la calidad de los servicios de hostelería y turismo es uno de los elementos más importantes de las estrategias de competitividad de las empresas del sector turísticas y es una ventaja diferencial para las empresas orientadas a un consumidor cada vez más exigente y experimentado. La calidad debe orientar a la gestión de la empresa, bajo la óptica de la satisfacción de las expectativas de los clientes.

2.1. Organización de la calidad

La implantación de un sistema de calidad en una organización requiere un amplio compromiso a todos los niveles. Su gestión es impensable sin una doble corriente de implicación:

La primera actúa de arriba hacia abajo y supone la implicación directa de los máximos responsables de la empresa. La segunda corre de abajo hacia arriba y está basada en la participación activa de todos los empleados y los clientes de los servicios en la identificación y puesta en marcha de las mejoras.

Por tanto, las empresas deben poseer una organización que facilite la obtención de los objetivos fijados en la estrategia y contribuya al empleo efectivo de los recursos. Es decir, en un proceso de introducción de un sistema de calidad la empresa debe organizarse de manera tal que obtenga el máximo rendimiento de su estructura organizativa, su tecnología y sus empleados.

El proceso de planificación y organización de la calidad puede hacerse efectivo mediante la formalización de un **sistema de gestión de la calidad** que recoja la política y los objetivos de la calidad, las actividades y procesos necesarios para su consecución y las responsabilidades y funciones de cada miembro de la organización.

Para una buena implantación de un sistema de calidad es necesario que exista una buena organización basada en procesos orientados a los clientes, una reducción constante de los costes y un reconocimiento y comunicación de los éxitos alcanzados. Se debe de contemplar en el marco de la gestión estratégica de la calidad, por lo que los objetivos de calidad figurarán como uno más de los objetivos generales de la organización.

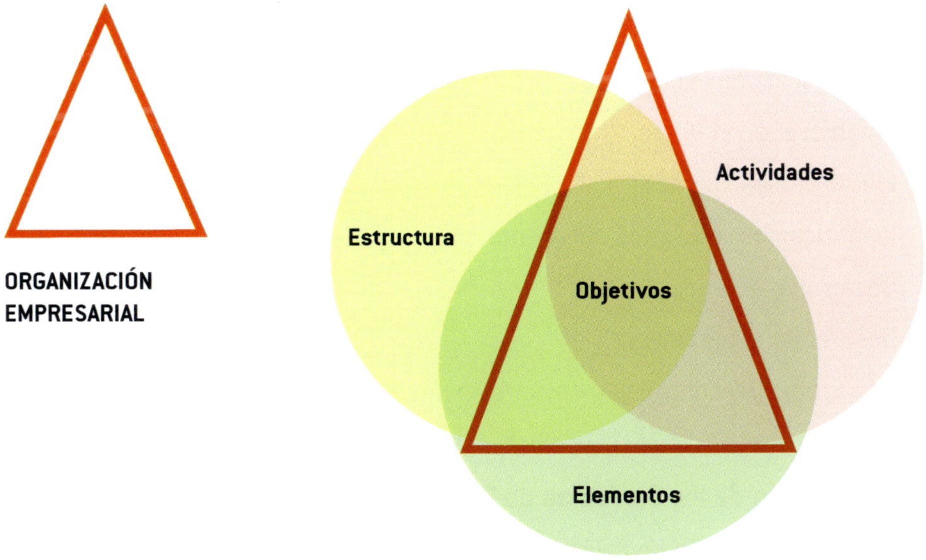

Figura 2.1. *Los objetivos de calidad deben ser parte de los objetivos de la organización.*

La implantación de un **SGC** (Sistema de Gestión de la Calidad) implica un cambio en la mentalidad organizativa empresarial. Esto sucede porque la tradicional estructura organizativa funcional y la organización por procesos que precisa un SGC deben gestionarse de manera integral.

El modelo funcional (organigrama jerárquico) es un sistema de organización vertical que, si bien es válido para identificar niveles jerárquicos, corre el riesgo de que, al estar dividido en departamentos, no se coordinen los objetivos entre ellos o incluso que lleguen a ser contradictorios. En una organización funcional las directrices son impartidas de manera vertical, pero la ejecución de toda la cadena de servicio necesariamente posee un efecto horizontal en la consecución de los objetivos, es decir, afecta a varios departamentos.

En el modelo de gestión por procesos cada grupo de actividades añade valor y hace avanzar al servicio prestado de manera tal que en una secuencia de proveedor interno a cliente interno (empleados), cada proveedor tiene como proveedor a la anterior y como cliente a la siguiente hasta llegar al cliente final.

La lógica organizativa al aplicar un modelo de SGC es horizontal, y permite integrar al cliente como enfoque principal de toda la organización.

Como parte de la organización de la calidad, cobra vital importancia el concepto de la **planificación de la calidad.**

La planificación de la calidad son las actividades para establecer los requisitos y los objetivos para calidad y para la aplicación a los elementos de un sistema de calidad.

La planificación de la calidad consta de los siguientes pasos:

1. Establecer el proyecto.
2. Identificar los clientes.
3. Identificar los requisitos del cliente.
4. Desarrollar el producto.
5. Desarrollar el proceso.
6. Desarrollar los controles y enviar a operaciones.

2.1.1. Enfoque de los Sistemas de Gestión de la Organización

Un sistema de gestión de calidad es una serie de actividades coordinadas para planear, controlar y mejorar aquellos aspectos o elementos de una organización que influyen en satisfacción del cliente y en el logro de resultados deseados por la organización.

Este concepto nace en el sector de la industria de manufactura pero actualmente se aplica a cualquier sector, incluido el de hostelería y turismo.

En definitiva, un sistema de gestión de la calidad son actividades empresariales, planificadas y controladas, que se realizan sobre un conjunto de elementos para lograr la calidad.

Entre los elementos de cualquier sistema de gestión de la calidad, se encuentran los siguientes:

1. Estructura organizativa.
2. Planificación.
3. Recursos.
4. Procesos.
5. Procedimientos.

La **estructura organizativa** es la jerarquía de funciones y responsabilidades que define una organización para lograr sus objetivos. Es la manera en que la organización organiza a su personal, de acuerdo a sus funciones y tareas, definiendo así el papel que desarrollan dentro de la empresa.

La **planificación** constituye al conjunto de actividades que permiten a la organización trazar un mapa para llegar al logro de los objetivos que se ha planteado. Una correcta planificación permite responder las siguientes preguntas en una organización:

¿A dónde queremos llegar?

¿Qué vamos hacer para lograrlo?

¿Cómo lo vamos hacer?

¿Qué vamos a necesitar?

El **recurso** es todo aquello que vamos a necesitar para poder alcanzar el logro de los objetivos de la organización (personas, equipos, infraestructura, dinero, etc).

Los **procesos** son el conjunto de actividades que transforman elementos de entrada (inputs) en producto o servicio. Todas las organizaciones tienen procesos, pero no siempre se encuentran identificados. Los procesos requieren de recursos, procedimientos, planificación y las actividades así como sus responsables.

Los **procedimientos** son la forma de llevar a cabo un proceso. Es el conjunto de pasos detallados que se deben de realizar para poder transformar los elementos de entradas del proceso en producto o servicio. Dependiendo de la complejidad, la organización decide si documentar o no los procedimientos.

En la actualidad, contar con el reconocimiento de cualquier sistema de gestión de calidad es la carta de presentación en el mercado de la empresa y el modo de garantizar la calidad de los productos y servicios a clientes presentes y futuros.

El concepto de gestión de calidad puede ser definido e interpretado de formas diversas y, por tanto, existen diferentes enfoques para poderlo llevar a la práctica.

En el sector de hostelería y turismo los tres principales enfoques, o sistemas de gestión de calidad empleados son:

A) Sistema de normalización según la ISO, familia ISO 9000

B) El modelo EFQM

C) Marca Q, Marca de Calidad Turística Española, común a cualquier actividad relacionada con los servicios o productos turísticos.

Los tres enfoques están fundamentados en la orientación hacia el cliente y la gestión de la calidad total. No obstante, el modelo EFQM, a diferencia de los otros dos, no otorga una certificación hacia terceros ya que no está basado en normas.

El sistema de gestión según la Marca Q de Calidad Turística Española es un sistema de gestión intermedio entre la ISO 9000 y el modelo EFQM. Es un sistema específico para empresas del sector de hostelería y turismo en España.

A) Sistema de gestión de calidad según normas ISO

Las normas ISO 9000 son normas de calidad establecidas por la **Organización Internacional para la Estandarización** (ISO) que se componen de estándares y guías relacionados con sistemas de gestión, aplicables en cualquier tipo de organización y de herramientas específicas como los métodos de auditoría (el proceso de verificar que los sistemas de gestión cumplen con el estándar).

Su implantación en las empresas, aunque supone una cierta dedicación, ofrece una gran cantidad de ventajas. Los principales beneficios son:

- Reducción de rechazos e incidencias en la producción o prestación del servicio.
- Aumento de la productividad.
- Mayor compromiso con los requisitos del cliente.

- Mejora continua.
- Más fácil acceso a grandes clientes y administraciones públicas.
- Mayor y mejor acceso a los mercados internacionales.

La familia de normas internacionales ISO 9000 se encuentra destinada en su totalidad a los sistemas de gestión de la calidad que constituyen su razón de ser. La descripción de las normas de la familia ISO 9000 la encontramos en la introducción a la norma UNE-EN ISO 9000:2005 "Sistemas de gestión de la calidad":

- La **norma ISO 9000** describe los fundamentos de los sistemas de gestión de la calidad y especifica la terminología para los sistemas de gestión de la calidad.
- La **norma ISO 9001** especifica los requisitos para los sistemas de gestión de la calidad aplicables a toda organización que necesite demostrar su capacidad para proporcionar productos que cumplan los requisitos de sus clientes y los reglamentarios que le sean de aplicación, y su objetivo es aumentar la satisfacción del cliente.
- La **norma ISO 9004** proporciona directrices que consideran tanto la eficacia como la eficiencia del sistema de gestión de la calidad. El objetivo de esta norma es la mejora del desempeño de la organización y la satisfacción de los clientes y de otras partes interesadas.
- La **norma ISO 19011** proporciona orientación relativa a las auditorías de sistemas de gestión de la calidad y de gestión ambiental.

Como requisitos generales, la norma ISO 9000 determina que la empresa debe establecer, documentar, implantar y mantener un sistema de gestión de la calidad y mejorarlo continuamente a través de seis actividades:

Figura 2.2. *Familia ISO 9000. Sistemas de gestión de calidad.*

1) Identificación de los procesos.

2) Determinación de la secuencia y relaciones entre los procesos.

3) Determinación de los criterios y métodos para controlar y asegurar la eficacia de los procesos.

4) Disposición de los recursos e información necesaria para realizar y llevar un seguimiento de los procesos.

5) Realización de un seguimiento, medición y análisis de los procesos.

6) Implantación de acciones para alcanzar los objetivos planificados y la mejora continua.

Al diseñar el sistema de gestión de la calidad, para asegurar su correcto funcionamiento y garantizar que su aplicación en la organización contribuye a la mejora continua de su desempeño, es necesario que se tengan en cuenta los **ocho principios de la gestión de la calidad.** Estos principios, identificados en la norma UNE-EN ISO 9000:2005 son los siguientes:

1. Enfoque al cliente	Las organizaciones dependen de sus clientes y, por lo tanto, deberían comprender sus necesidades, actuales y futuras, satisfacer los requisitos de los clientes, y esforzarse en exceder sus expectativas.
2. Liderazgo	Los líderes establecen la unidad de propósito y la orientación en la organización. Ellos deberían crear y mantener un ambiente interno, en el cual el personal pueda llegar a involucrarse totalmente en el logro de los objetivos de la organización.
3. Participación del personal	El personal, a todos los niveles, es la esencia de una organización, y su total compromiso posibilita que sus habilidades sean usadas para el beneficio de la organización.
4. Enfoque basado en procesos	Un resultado deseado se alcanza más eficientemente cuando las actividades y los recursos relacionados se gestionan como un proceso.
5. Enfoque de sistema para la gestión	Identificar, entender y gestionar los procesos interrelacionados como un sistema, contribuye a la eficacia y eficiencia de una organización en el logro de sus objetivos.
6. Mejora continua	La mejora continua del desempeño global de la organización debería ser un objetivo permanente de esta.
7. Enfoque basado en hechos para la toma de decisión	Las decisiones eficaces se basan en el análisis de los datos y la información.
8. Relaciones mutuamente beneficiosas con el proveedor	Una organización y sus proveedores son interdependientes, y una relación mutuamente beneficiosa aumenta la capacidad de ambos para crear valor

B) El modelo EFQM

En el apartado 1.2.1. de esta unidad hemos desarrollado las características principales de este modelo. No obstante, y como complemento a ese apartado, describiremos a continuación la estructura del modelo EFQM para así delimitar las diferencias con el sistema de gestión de calidad ISO 9000.

- ESTRUCTURA DEL MODELO EFQM

  El modelo EFQM busca identificar los puntos fuertes y débiles de la organización, considerando la relación entre su personal, sus procesos y sus resultados. Para ello determina **dos grupos de criterios**: los Agentes Facilitadores y los Resultados (Figura 1.6.).

  Los criterios del grupo "Agentes Facilitadores" analizan cómo realiza la organización excelente las actividades clave y cómo la organización se organiza para alcanzar los resultados previstos. El modelo determina cinco criterios relacionados con los agentes facilitadores:

  - Liderazgo
  - Personas
  - Política y estrategia
  - Alianzas y recursos
  - Procesos

Los criterios del grupo "Resultados" hacen hincapié en lo que ha conseguido la empresa con los Agentes Facilitadores y mide los resultados obtenidos en las personas que forman la organización, los clientes, la sociedad así como en los resultados que la organización considere claves.

El modelo establece una ponderación entre cada uno de los criterios, de manera que **el 50 % del total es para los Agentes Facilitadores y el otro 50 % para los resultados**. Mediante la autoevaluación y la ponderación de cada criterio, las organizaciones pueden calcular una puntuación sobre 1.000 puntos que les servirá como referencia para establecer sus criterios de mejora en cada uno de los apartados.

La lógica que subyace tras los cinco criterios de los Agentes Facilitadores y los cuatro criterios de resultados es que la satisfacción de los clientes y las personas de la organización, así como la obtención de un impacto positivo en la sociedad, se consiguen mediante un adecuado liderazgo de los directivos en el proceso de adaptación constante de la empresa a su entorno, mediante el establecimiento de unas políticas y estrategias, un eficiente uso de los recursos y alianzas de la organización, todo ello con una visión sistémica que propicia la gestión por procesos todo lo cual lleva a la organización a conseguir cumplir los resultados que considera clave.

La herramienta básica para realizar el proceso de autoevaluación por parte de las organizaciones es la llamada **lógica REDER** que corresponden a las siglas de Resultados, Enfoque, Despliegue, Evaluación y Revisión.

La lógica implica que en primer lugar la organización ha de establecer los Resultados y objetivos a alcanzar por la organización, o por el criterio que se está evaluando. A continuación se desarrollarán una serie de Enfoques para alcanzar los resultados previstos, estos son las estrategias que la empresa seguirá para conseguir los objetivos. Posteriormente la organización Desplegará dichos enfoques de manera sistemática para conseguir los objetivos y por último Evaluará y Revisará los enfoques de las acciones así como el despliegue llevado a cabo.

Esta herramienta se puede considerar como una adaptación del ciclo de mejora PDCA de Deming (Figura 1.5): cuatro de los cinco aspectos de la lógica REDER están relacionados con los Agentes Facilitadores (Enfoque, Despliegue, Evaluación y Revisión). Estos últimos cuatro aspectos se corresponderían con el ciclo PDCA del siguiente modo:

Enfoque – Plan

Despliegue – Do

Evaluación – Check

Revisión – Act

A diferencia de otros certificados de calidad como la ISO 9000 o bien la Marca Q, el modelo de excelencia EFQM ha sido escasamente implantado en el sector hotelero.

C) Marca Q de Calidad Turística Española

La implantación de una metodología o de un sistema de calidad es, hoy por hoy, voluntaria para las empresas. De este modo, aunque el sistema de Marca Q es un sistema específico para las empresas de hostelería y turismo, se pueden implantar modelos de calidad genéricos como la ISO 9000 o bien el modelo EFQM. Es decir que, aunque la calidad y la calidad de servicio son aspectos que tienen alta consideración en el sector hotelero español, aún no se ha llegado a un acuerdo sobre la mejor metodología o mejor sistema.

La certificación que obtienen las empresas turísticas por medio del ICTE y con la marca Q, implican una serie de ventajas para el establecimiento:

CUADRO COMPARATIVO SISTEMAS EFQM /ISO 9000	
ISO 9000	**MODELO EFQM**
La mejora se activa a partir de una no conformidad a una norma.	La mejora se activa a partir del análisis de criterios de gestión.
La metodología de medición nos dice si es conforme a la norma o no.	La metodología de medición nos propone una puntuación y define un potencial en cada criterio.
Las empresas la utilizan por exigencia propia o de terceros.	Las empresas lo utilizan de forma voluntaria y nunca es exigido por terceros.
La norma es objetiva y orienta a todos los participantes en una dirección.	La autoevaluación es subjetiva y da lugar a diferentes sistemas de gestión.
El compromiso con las acciones correctivas es mayor, cuando hay una no conformidad.	El compromiso con el cambio requiere visibilidad y un impulso permanente de la dirección.
Las personas que evalúan son externas e independientes y están formadas específicamente para ello.	Las personas que evalúan son de la propia organización y han sido formadas específicamente para ello.

1) Al tratarse de unas normas autorreguladas por el sector cumplen con las exigencias y tendencias del mercado propios del sector turístico al que hacen referencia.

2) Son normas específicas para el sector turístico que fijan unos estándares exigentes con un lenguaje claro. Las normas de calidad del ICTE están pensadas para la estructura de cada tipología de negocio turístico.

3) La implantación de la norma implica un cumplimiento de la legislación vigente en tanto es uno de los requisitos para su certificación.

4) La norma exige además de una eficaz gestión de un sistema de calidad, una evaluación de la prestación de los servicios ofrecidos y una comprobación física de las instalaciones y equipamientos.

Las normas de calidad turística y el sistema de certificación auspiciado por ICTE se caracterizan por los siguientes aspectos:

- Incluyen dos tipos de requisitos, unos relativos al resultado (prestación) de los diferentes servicios y otros relacionados con los sistemas y métodos (procesos) necesarios para asegurar el nivel de calidad de los servicios.
- Carácter voluntario, si bien serán de obligado cumplimiento para todas aquellas entidades turísticas que quieran ser certificadas mediante la Marca de Calidad Turística Española, gestionada por el ICTE.

- Perfil abierto, son compatibles con la UNE-EN ISO 9001 y adaptables a la política de calidad de cada empresa, además, también son compatibles con la norma UNE-EN ISO 14001:2004.
- Dimensión estratégica, orientadas hacia una perspectiva de rentabilidad y de búsqueda de mejora competitiva. Facilitan además, la comunicación visual al mercado a través de la concesión de una Marca de Calidad que identifica a los establecimientos.

El sistema Q propuesto por ICTE es consistente con el concepto de gestión de la calidad. Este descansa en cuatro componentes:

- **La norma de calidad**
- **El sistema de certificación**
- **La marca de calidad**
- **El ente gestor**

Las normas Q establecen estándares de calidad de servicio, fijando unos niveles mínimos de calidad según los servicios que prestan, en función de la categoría administrativa y del tipo de establecimiento (hotel urbano, vacacional, rural o balneario).

Cada establecimiento puede superar dichos estándares mínimos ofreciendo servicios adicionales que aumenten el grado de satisfacción del cliente. Por esta razón, la elaboración de las normas Q tuvo en cuenta las necesidades y las expectativas de los clientes, de manera que incluyeran una serie de requisitos enfocados a lograr, como mínimo, niveles de calidad de servicio acordes con las exigencias de la demanda.

Los estándares de servicio normalizados se refieren, además de a las instalaciones y al servicio final entregado al cliente, a los procesos organizativos que generan dichos servicios, así como a las funciones, sistemas de trabajo, procedimientos, instrucciones y, en general, a todos los instrumentos de gestión básicos y necesarios para el correcto funcionamiento del establecimiento, asegurando la satisfacción del cliente.

La norma de calidad para hoteles y apartamentos del ICTE (ICTE, 2001) establece directrices en ocho bloques, que se corresponden con las unidades de servicio típicas en un establecimiento hotelero:

- dirección
- recepción
- limpieza y mantenimiento de pisos

- restauración
- animación
- mantenimiento de instalaciones
- aprovisionamiento y almacenamiento
- eventos especiales.

Para cada uno de estos bloques la norma precisa:

a) Las responsabilidades de ejecución y supervisión.

b) Los requisitos del servicio, es decir, las condiciones y requerimientos que ha de cumplir el servicio y las especificaciones del proceso y del sistema de gestión.

c) Los mecanismos de control.

En relación con los requisitos recogidos en la norma, éstos se pueden clasificar en tres grupos (ICTE, 2001):

- Variables de obligado cumplimiento de manera inmediata. Se trata de requisitos imprescindibles en un servicio de calidad; si el requisito no se cumple al ser auditado el establecimiento, a la empresa no se le concede la certificación.
- Variables de obligado cumplimiento. El incumplimiento de estos requisitos no impide la concesión de la certificación, condicionada al compromiso por parte de la empresa del logro de unos valores mínimos en el periodo de tiempo marcado por el Comité de Certificación.
- Variables de obligado cumplimiento a medio plazo o variables complementarias. Se refiere a requisitos en los que el incumplimiento del nivel mínimo establecido no es impedimento para la concesión de la Marca de Calidad.

Las normas Q se diferencian del certificado administrativo según categorías (estrellas), por ser un sistema voluntario y porque establecen mediante la autorregulación un completo catálogo de exigencias mínimas para uniformar la calidad de las empresas turísticas. Además, las normas Q tienen una orientación a la competitividad que no se da en las calificaciones administrativas, más ligadas a las obligaciones fiscales de las empresas.

Los sistemas Q-calidad turística e ISO 9000, pese a ser compatibles entre sí, no se tratan de dos sistemas idénticos. Las principales diferencias son:

La norma del ICTE considera los requisitos y recomendaciones de la norma ISO 9000. De hecho, sin indicarlo directamente, la norma ICTE especifica que debe determinarse un sistema de calidad propio del establecimiento turístico.

La norma ISO 9000 es específica para la implantación de un Sistema de Gestión de la Calidad mientras que las norma del ICTE incluyen las especificaciones del servicio que debe implementar la empresa que se adhiera al sistema.

Desde un punto de vista genérico, la norma ISO 9000 es más versátil y aplicable a cualquier organización mientras que las normas del ICTE son sólo aplicables a la actividad turística.

Por contrapartida al punto anterior, desde el punto de vista del cliente, la certificación ISO 9000 no garantiza un nivel de calidad concreto sino que el servicio se ajustará a las especificaciones marcadas por el establecimiento. El sistema de calidad del ICTE marcará un nivel de calidad de servicio mínima que debe cumplir el establecimiento.

Por tanto, ambos sistemas son compatibles y complementarios, y es preferible que la empresa turística que se decante por la filosofía de calidad alcance ambos certificados.

2.1.2. Compromiso de la Dirección

Sea cual sea el sistema de gestión de calidad elegido por la empresa, la Dirección debe convencerse de que la implantación del sistema es importante y contribuye a mejorar los resultados.

La dirección debe evidenciar su compromiso con la calidad y con el sistema de gestión en la Declaración de la política de calidad que se incluye en el Manual de Calidad.

Para un mejor desarrollo de todos los aspectos que implica el compromiso de la Dirección en la aplicación de un sistema de calidad, tomamos como referencia lo especificado en la ISO 9001:2008: (Apartado 5 de la Norma)

Compromiso de la dirección (5.1.)

La alta dirección debe proporcionar evidencia de su compromiso con el desarrollo e implementación del sistema de gestión de la calidad, así como con la mejora continua de su eficacia:

a) comunicando a la organización la importancia de satisfacer tanto los requisitos del cliente como los legales y reglamentarios.

b) estableciendo la política de la calidad.

c) asegurando que se establecen los objetivos de la calidad.

d) llevando a cabo las revisiones por la dirección.

e) asegurando la disponibilidad de recursos.

Enfoque al cliente (5.2.)

La alta dirección debe asegurarse de que los requisitos del cliente se determinan y se cumplen con el propósito de aumentar la satisfacción del cliente.

Ejemplo: Aplicar métodos de investigación de mercado para conocer el grado de insatisfacción de los clientes (quejas y reclamaciones) o el grado de satisfacción (encuesta de servicios)

Política de la calidad (5.3.)

La alta dirección debe asegurarse de que la política de la calidad:

a) es adecuada al propósito de la organización.

b) incluye un compromiso de cumplir con los requisitos y de mejorar continuamente la eficacia del sistema de gestión de la calidad.

c) proporciona un marco de referencia para establecer y revisar los objetivos de la calidad.

d) es comunicada y entendida dentro de la organización.

e) es revisada para su continua adecuación.

Ejemplo: definir y documentar la política de calidad en la que se recoge el compromiso con la satisfacción del cliente, el cumplimiento de los requisitos legales y la mejora continua.

Planificación (5.4.)

Los objetivos de calidad se establecen en las funciones y los niveles pertinentes de la organización y se planifica el sistema de calidad con el fin de cumplir con los objetivos de calidad.

Ejemplo: se definen objetivos e indicadores para cada proceso y se determinan las acciones necesarias para su consecución.

Responsabilidad, autoridad y comunicación (5.5.)

La alta dirección debe asegurarse de que las responsabilidades y autoridades están definidas y son comunicadas dentro de la organización.

La alta dirección debe designar un miembro de la dirección de la organización quien, independientemente de otras responsabilidades, debe tener la responsabilidad y autoridad que incluya:

a) asegurarse de que se establecen, implementan y mantienen los procesos necesarios para el sistema de gestión de la calidad.

b) informar a la alta dirección sobre el desempeño del sistema de gestión de la calidad y de cualquier necesidad de mejora.

c) asegurarse de que se promueva la toma de conciencia de los requisitos del cliente en todos los niveles de la organización.

Por otro lado, la alta dirección debe asegurarse de que se establecen los procesos de comunicación apropiados dentro de la organización y de que la comunicación se efectúa considerando la eficacia del sistema de gestión de la calidad.

Revisión por la dirección (5.6.)

La alta dirección debe revisar el sistema de gestión de la calidad de la organización, a intervalos planificados, para asegurarse de su conveniencia, adecuación y eficacia continuas. La revisión debe incluir la evaluación de las oportunidades de mejora y la necesidad de efectuar cambios en el sistema de gestión de la calidad, incluyendo la política de la calidad y los objetivos de la calidad.

La información de entrada para la revisión por la dirección debe incluir:

a) los resultados de auditorías.

b) la retroalimentación del cliente.

c) el desempeño de los procesos y la conformidad del producto.

d) el estado de las acciones correctivas y preventivas.

e) las acciones de seguimiento de revisiones por la dirección previas.

f) los cambios que podrían afectar al sistema de gestión de la calidad.

g) las recomendaciones para la mejora.

Ejemplo: el Comité de Calidad realiza las revisiones del sistema de calidad, al menos una vez al año, en las que evalúa la necesidad de realizar cambios en función de la información recogida y analizada.

2.1.3. Coordinación

La gestión de la calidad total es la forma de dirigir las organizaciones, en todos los niveles, para lograr el aumento constante de la satisfacción de los clientes (externos e internos) con una disminución permanente de los costes reales.

Para conseguirlo, hace falta la **involucración de todo el personal** de la organización, especialmente la dirección. Al estar involucrado todo el personal es imprescindible que exista coordinación entre cada departamento, ya que el objetivo final de calidad es único para toda la empresa.

El primer paso que se debe de realizar para conseguir esta coordinación es constituir el **comité de calidad,** liderado por el gerente de la empresa. De su involucración y convicción dependerá, en gran medida, el éxito del proyecto. Será el encargado de difundir a toda la organización la filosofía de la calidad total, de la asignación de los recursos financieros para la instauración del programa, y también dependerán de él muchos de los requisitos que son imprescindibles.

Para desarrollar cada uno de los elementos del sistema de calidad se configuran los **grupos de mejora**. Cada grupo estará formado por un miembro del comité de calidad, que será responsable del área de actuación, y varios de los dirigentes del área de actuación.

Estos grupos pueden ser:

- Grupo de costes totales de calidad: deben establecer el sistema y modelo de cálculo de los costes de calidad, así como su seguimiento y la forma de informar periódicamente.
- Grupo de acciones correctoras: diseñará un sistema para eliminar las causas de las no conformidades y que los problemas de la empresa proporcionen retroalimentación.
- Grupo para los indicadores de calidad: desarrollarán los indicadores que reflejen cómo se van produciendo los requisitos clave.

Otros grupos que se pueden formar son: los de compras, servicio posventa, recepción de pedidos, producción, etc.

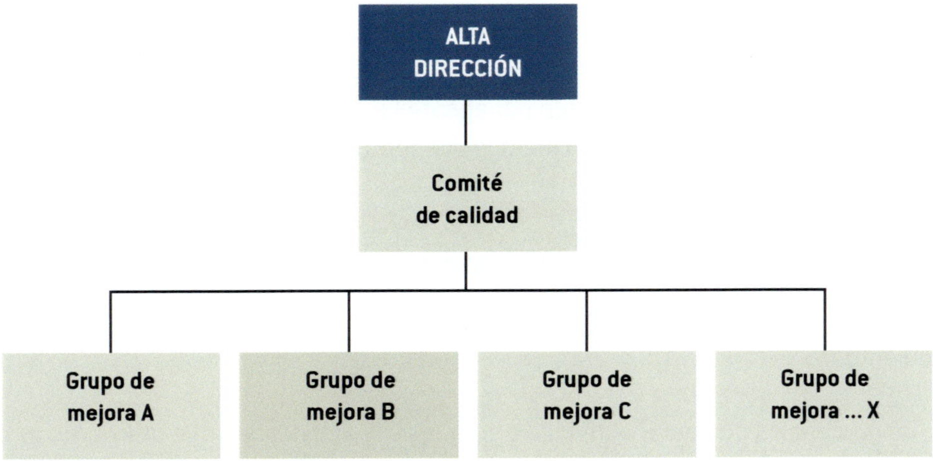

Figura 2.3. *Elementos de coordinación en sistemas de calidad.*

En todo caso, los grupos de mejora y el comité de calidad son los elementos que contribuyen de manera decisiva a la coordinación de todos los implicados en la empresa en la consecución de los objetivos de calidad fijados.

2.1.4. Evaluación

Los procedimientos de evaluación son una estrategia básica de los sistemas de gestión de calidad. La evaluación tiene un claro carácter práctico, pues sirve para tomar decisiones que permitan mejorar la calidad de los servicios que se prestan a los usuarios.

Cuando se evalúan sistemas de gestión de la calidad, hay cuatro preguntas básicas que deberían formularse en relación con cada uno de los procesos que es sometido a la evaluación:

a) ¿Se ha identificado y definido apropiadamente el proceso?

b) ¿Se han asignado las responsabilidades?

c) ¿Se han implementado y mantenido los procedimientos?

d) ¿Es el proceso eficaz para lograr los resultados requeridos?

El conjunto de las respuestas a las preguntas anteriores puede determinar el resultado de la evaluación. La evaluación de un sistema de gestión de la calidad puede variar en alcance y comprender una diversidad de actividades, tales como auditorías y revisiones del sistema de gestión de la calidad y autoevaluaciones.

La evaluación en los casos de la ISO 9000 se realiza por agentes externos a la empresa, que certificarán la adecuación y el cumplimiento de cada uno de los procesos. En el caso del Modelo EFQM de Excelencia, el procedimiento es de autoevaluación. Por otra parte, el sistema de Marca Q de Calidad Turística Española además de la obligada evaluación por agentes externos (punto que tiene en común con la ISO 9000), también incluye elementos de autoevaluación.

2.2. Gestión por procesos en hostelería y turismo

La definición de proceso que nos ofrece la Norma ISO 9000:2005 es la siguiente:

> Un proceso es cualquier actividad o conjunto de actividades que utiliza recursos que transforman elementos de entrada en resultados.

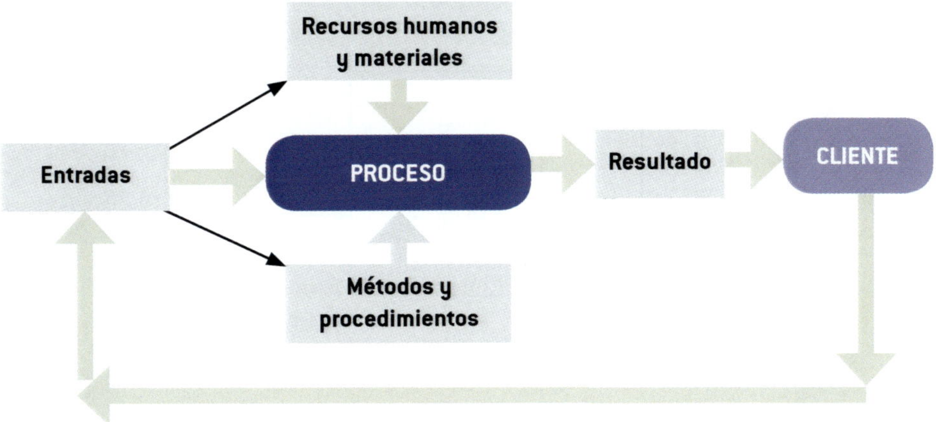

Figura 2.4. *Representación gráfica de un proceso.*

La gestión por procesos entiende la organización como una serie de actividades que en conjunto ayudan a aumentar la satisfacción del cliente.

2.2.1. Identificación de procesos

Tanto las Normas ISO, como el Modelo EFQM de excelencia y la Marca Q, consideran que el camino hacia la calidad de los servicios implica necesariamente la gestión de actividades en términos de procesos.

El primer paso al implantar un modelo por procesos es definir un mapa de procesos en el que se contemplen los recursos empleados y las actividades que se desarrollan.

En dicho mapa, se definen tres tipos de procesos:

ESTRATÉGICOS	Vienen determinados por la estrategia general de la empresa.
OPERATIVOS	Son aquellos que tienen una relación directa con el cliente.
DE SOPORTE	Sirven de apoyo para las actividades principales de la empresa y son de obligado cumplimiento para la realización del servicio.

Para obtener los procesos estratégicos es necesario definir previamente las estrategias, la gestión de calidad del medioambiente y las políticas que regirán la empresa. Tras esto, se definen los procesos operativos, que son aquellos que tienen una relación directa con el cliente. Estos procesos están influidos por los procesos estratégicos, es decir, por las estrategias de dirección, por la gestión de la calidad y del medio ambiente y por las políticas.

La evaluación de la satisfacción del cliente se realizará teniendo en cuenta los resultados obtenidos en sus percepciones respecto a los procesos primarios

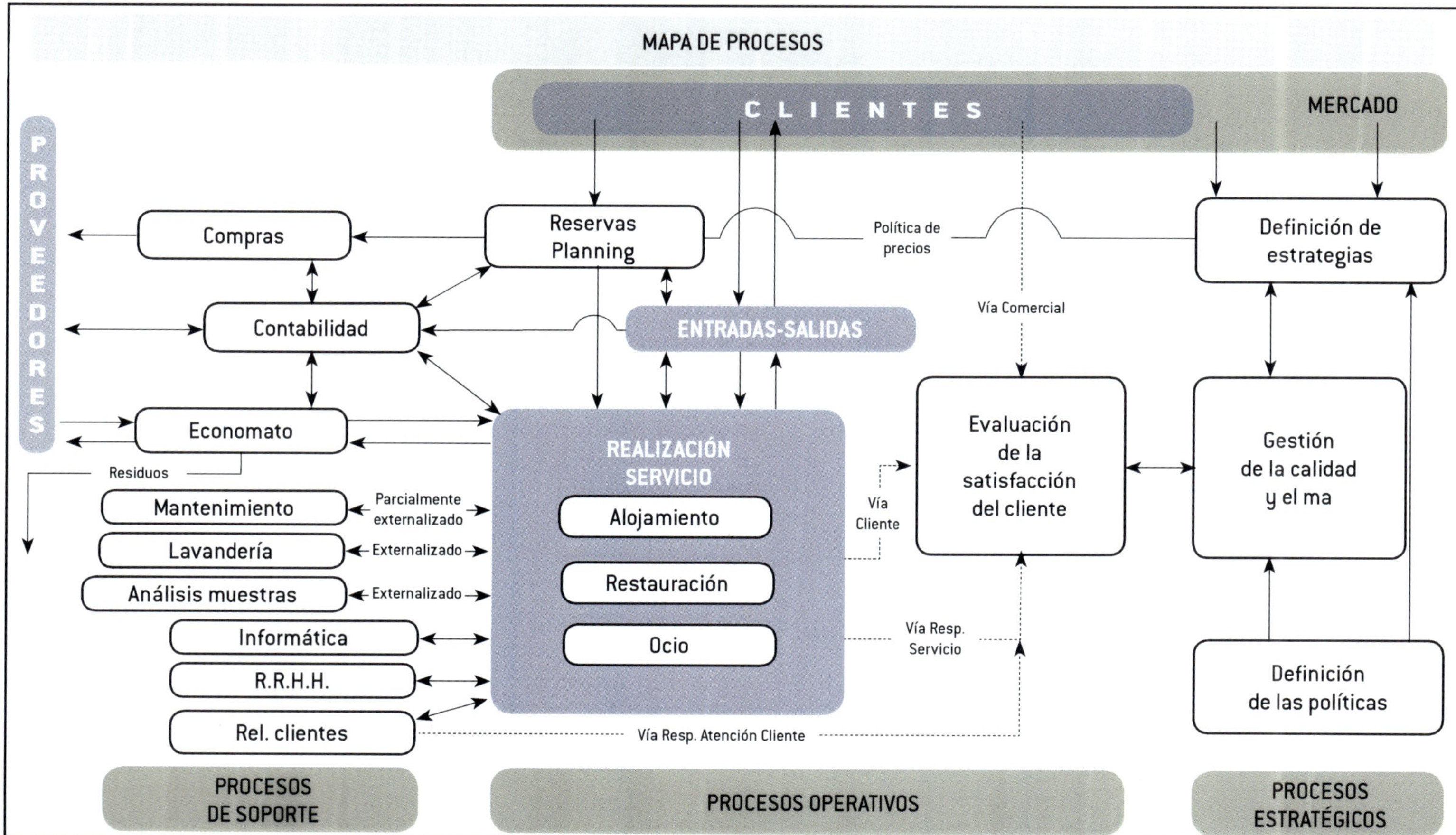

Figura 2.5. *Mapa de procesos del Hotel Majestic de Barcelona*

(planning de reservas, entrada y acogimiento del cliente, servicios de alojamiento, restauración y ocio).

Los procesos de soporte son: compras, contabilidad, informática, recursos humanos y relaciones públicas. Por otro lado, hemos de tener en cuenta las actividades que se externalizan para conseguir una mayor flexibilidad como, por ejemplo, lavandería, mantenimiento, etc.

2.2.2. Planificación de procesos

Para que una organización funcione de manera eficaz, tiene que determinar y gestionar numerosas actividades relacionadas entre sí. Como hemos visto, una actividad o un conjunto de actividades que utiliza recursos, y que se gestiona con el fin de permitir que los elementos de entrada se transformen en resultados, se puede considerar como un proceso.

Frecuentemente el resultado de un proceso constituye directamente el elemento de entrada del siguiente proceso. Por ello, es imprescindible identificar cuáles son los procesos que se llevan a cabo o que se deben llevar a cabo para que el servicio obtenido como resultado sea satisfactorio.

Todos los elementos del sistema de gestión de la calidad funcionan interrelacionados a través de procesos que existen tanto en el ámbito interno de las funciones de la empresa u organización como entre dichas funciones.

Ejemplo: Consideremos el servicio de desayunos en la cafetería del hotel del restaurante. Se realizarán una serie de actividades para las que son necesarias entradas como café, leche, zumos, pan, etc. Para que haya existencias suficientes de estos productos, antes ha sido necesario identificar y definir un proceso de almacenaje y, antes de ese proceso, otro de compras.

Vemos, de este modo, cómo los distintos procesos se relacionan e interactúan entre sí.

Una vez que están identificados y definidos cada uno de los procesos en todas las áreas, deben planificarse para que:

a) no se solapen entre ellos y generen costes innecesarios.

b) se ahorre tiempo y se gane en efectividad.

c) contemplen todas las necesidades de los clientes.

2.2.3. Medida y mejora de procesos

Una ventaja del enfoque basado en procesos es el control continuo que proporciona sobre los vínculos entre los procesos individuales dentro del sistema de procesos, así como sobre su combinación e interacción.

Un enfoque de este tipo, cuando se utiliza dentro de un sistema de gestión de la calidad, enfatiza la importancia de:

a) la comprensión y el cumplimiento de los requisitos.

b) la necesidad de considerar los procesos en términos que aporten valor.

c) la obtención de resultados del desempeño y eficacia del proceso.

d) la mejora continua de los procesos con base en mediciones objetivas.

Las mediciones objetivas las podemos obtener a través de distintos sistemas de medida válidos para cualquier sistema de calidad y adaptados a las características propias de cada empresa.

Una vez analizados los resultados de las medidas de calidad, debe procederse a comprobar las desviaciones producidas en los estándares o criterios y marcar las acciones correctivas oportunas. De ese modo, en las entradas de los procesos sucesivos habrán podido corregirse los errores que fueron origen de las desviaciones.

SISTEMA	DESCRIPCIÓN	EJEMPLO
Criterio de calidad	Es la condición que debe cumplir una determinada actividad, actuación o proceso para ser considerada de calidad. Cada criterio tiene que identificarse con un indicador.	• Los desayunos se servirán en un plazo máximo de cinco minutos una vez acomodados los clientes en sus mesas.
Indicador de calidad	Es una medida cuantitativa para controlar y valorar la calidad de las actividades. Es la forma numérica de evaluar los criterios.	• Número de desayunos que se ha tardado más de cinco minutos en servirse.
Estándar de calidad	Es el grado de cumplimiento exigible a un criterio de calidad. El estándar determina el nivel mínimo y máximo aceptable para un indicador.	• Entre un 75% y un 90% de los desayunos se servirán en un plazo máximo de cinco minutos.

El modelo de un sistema de gestión de la calidad basado en procesos muestra que los clientes juegan un papel significativo para definir los requisitos como elementos de entrada. El seguimiento de la satisfacción del cliente requiere la evaluación de la información relativa a la percepción del cliente acerca de si la organización ha cumplido sus requisitos.

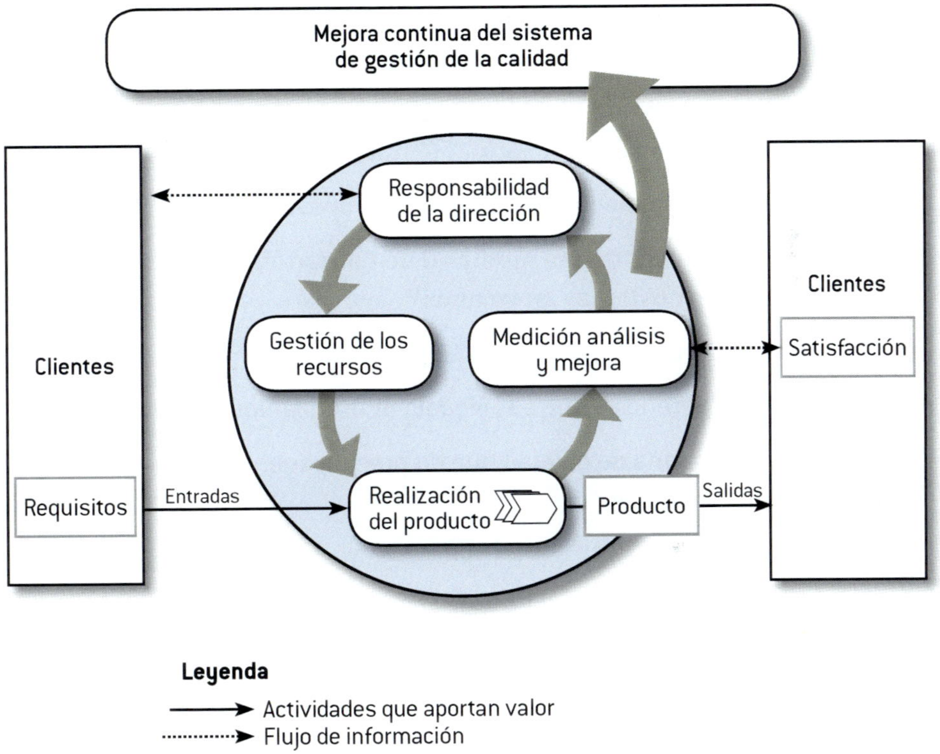

Figura 2.6. *Modelo de un sistema de gestión de calidad basado en procesos ISO 9000.*

Por otro lado, y como parte del procedimiento de medida y mejora de los procesos, observamos que el ciclo PDCA puede aplicarse a todos los procesos.

La adaptación del ciclo PDCA a la terminología adoptada en los sistemas de calidad es la siguiente:

Planificar: establecer los objetivos y procesos necesarios para conseguir resultados de acuerdo con los requisitos del cliente y las políticas de la organización.

Hacer: implementar los procesos.

Controlar: realizar el seguimiento y la medición de los procesos y los productos respecto a las políticas, los objetivos y los requisitos para el producto, e informar sobre los resultados.

Actuar: tomar acciones para mejorar continuamente el desempeño de los procesos.

EJERCICIOS

2.1. ¿Cuáles son los tres principales enfoques o sistemas de gestión de calidad en hostelería y turismo?

2.2. ¿Cuáles son las normas de la Familia ISO 9000?

2.3. Enumera los principios de gestión de la calidad según la ISO 9000

2.4. Criterios de los agentes facilitadores según el EFQM

2.5. ¿Cuál es el sistema de gestión de calidad específico para empresas de hostelería y turismo?

2.6. Enumera los componentes del sistema Q propuesto por ICTE

2.7. ¿En qué se diferencias las normas Q de Calidad Turística Española y la clasificación por estrellas en un hotel?

2.8. Definición de proceso. ¿Qué tipos de procesos existen?

2.9. Señala tres diferencias entre el Modelo EFQM y la Norma ISO 9000

2.10. ¿Cuál es el sistema de calidad que no precisa agentes externos para su evaluación? ¿Por qué?

3. Procesos de control de calidad de los servicios y productos de hostelería y turismo

Introducción

La satisfacción de los clientes es la principal prueba o muestra de que los servicios ofrecidos cumplen con los requisitos de calidad. Sabemos que un servicio será considerado de calidad si el cliente ve satisfechas sus expectativas.

La cuestión es la siguiente: ¿cómo comprobar si un servicio es de calidad? ¿Cómo saber si el cliente está satisfecho? ¿Cómo identificar las posibles causas de insatisfacción?

El sector de hostelería y turismo es un sector que produce servicios, es decir productos intangibles. Por otro lado, las percepciones de los consumidores son subjetivas. Controlar algo intangible y subjetivo es una tarea que resulta mucho más fácil si se aplican los sistemas de gestión de calidad.

Todos estos sistemas están basados en procesos y los procesos, a su vez, son una serie de actividades. Ahí es donde encuentra su lugar el concepto de control de calidad.

Es posible controlar las actividades y los recursos que se emplean para realizarlas a través de elementos de medida tangibles.

Por otro lado, la comprobación del nivel de satisfacción de los clientes se puede realizar a través de sistemas directos (encuestas de satisfacción) o indirectos (número de quejas o reclamaciones, grado de fidelización, etc.).

Por tanto, al margen de que la empresa haya decidido implantar un sistema de gestión de calidad, debe realizar las comprobaciones necesarias para garantizar el nivel de calidad necesario para mantenerse en el mercado y, en definitiva, para satisfacer a sus clientes.

3.1. Procesos de producción y servicio

En los procesos de producción y servicio ligados a las empresas de hostelería y turismo, encontramos que la satisfacción del cliente es el elemento fundamental para la medida y comprobación de la calidad.

La satisfacción del cliente está directamente relacionada con el aumento de ventas, de beneficios, de productividad y de rentabilidad.

Un cliente satisfecho normalmente nos volverá a elegir como proveedor de servicios para que le suministremos el mismo servicio en caso de necesidad y también se podrá convertir (de forma inconsciente) en uno de los comerciales de nuestra empresa porque podrá recomendar nuestros servicios a otros posibles clientes. Por ello, es sumamente importante medir los niveles de satisfacción del cliente mediante diversas fuentes y complementar los resultados para obtener información confiable respecto a la calidad del servicio.

Una afirmación perfectamente válida para el sector de la hostelería y turismo es que ***"los clientes no compran productos ni servicios, más bien compran los resultados que les generen"***. Cuando se vende un servicio hay que recoger la información del resultado que el cliente ha tenido de su uso ya que será la base para medir su satisfacción.

3.1.1. Comprobación de la Calidad

La comprobación es el primer paso que hay que dar para poder medir y, por tanto, controlar la calidad de los servicios. Comprobar significa verificar o examinar algo. En este caso, comprobar que los servicios ofrecidos sean de calidad. Y que esa calidad sea acorde con las expectativas y la percepción de los clientes.

La inspección es el acto que permite evaluar la calidad de alguna característica en relación con el referente. La medición se puede realizar mediante instrumentos de medida, comprobación visual, o por comparación directa con cualquier patrón establecido.

El fin de la inspección es comprobar si los productos son conformes con las especificaciones de calidad, pero además permite:

- Determinar si el proceso es correcto.
- Medir la capacidad del proceso.
- Valorar la exactitud y precisión de los instrumentos de medida.
- Garantizar la aptitud para el uso del producto o del servicio.

Ante la ausencia de medidas objetivas que permitan la evaluación de la calidad de servicio (a diferencia de la calidad de los bienes que sí puede ser medida a través de indicadores concretos), establecen que una buena aproximación es, por un lado, medir la calidad de servicio percibida por el cliente y, por otro lado, determinar las deficiencias y causas que presentan las empresas de servicio, las cuales hacen que el cliente percibida baja calidad en el servicio que ofrecen.

3.1.2. Organización y Métodos de Comprobación de la Calidad

A pesar de las dificultades que ofrece la comprobación de la calidad en un producto-servicio como es el ofrecido en el sector de hostelería y turismo, las empresas aplican sistemas que les sirven para verificar si las actuaciones en calidad son suficientes o si es necesario algún tipo de corrección.

Los métodos de comprobación de la calidad o herramientas de control son variados pero, en definitiva, su finalidad es medir la satisfacción del cliente.

Figura 3.1. *La satisfacción del cliente es la principal medida del nivel de calidad.*

Al igual que ocurre con la calidad, la satisfacción del cliente es una variable que resulta complicada de medir, ya que se fundamenta en las percepciones del cliente, es decir, en datos subjetivos. Esta subjetividad conduce a las empresas a traducir satisfacción por fidelidad, de manera tal que se considera que un **cliente fiel** y que repite es un **cliente satisfecho**.

La **fidelidad** y la **repetición** son, de este modo, una medida objetiva de la satisfacción del cliente, pero existen otros datos que también contribuyen a conocer el nivel de satisfacción.

Ejemplo: el número de reclamaciones y quejas, el importe y número de devoluciones, los pagos por garantías, los trabajos que hay que realizar de nuevo, los reconocimientos y premios recibidos, etc.

No obstante, las empresas realizan estudios y análisis que determinan el grado de satisfacción de los usuarios del servicio y que están basados fundamentalmente en consultas realizadas a los clientes. La información obtenida a través de esas consultas, proporciona a las empresas las siguientes **ventajas**:

- Conocer la calidad percibida por los clientes.
- Determinar los factores que realmente consideran importantes los clientes.
- Potenciar los aspectos positivos y detectar los errores para corregirlos.
- Realizar acciones de mejora para fidelizar a los clientes actuales y para la captación de los clientes potenciales.

A) El cuestionario

La base de estas consultas es el **cuestionario**, que consiste en un listado de preguntas acerca de las características del servicio que la empresa quiera analizar, y que el cliente responderá otorgando un determinado valor a cada una de esas preguntas.

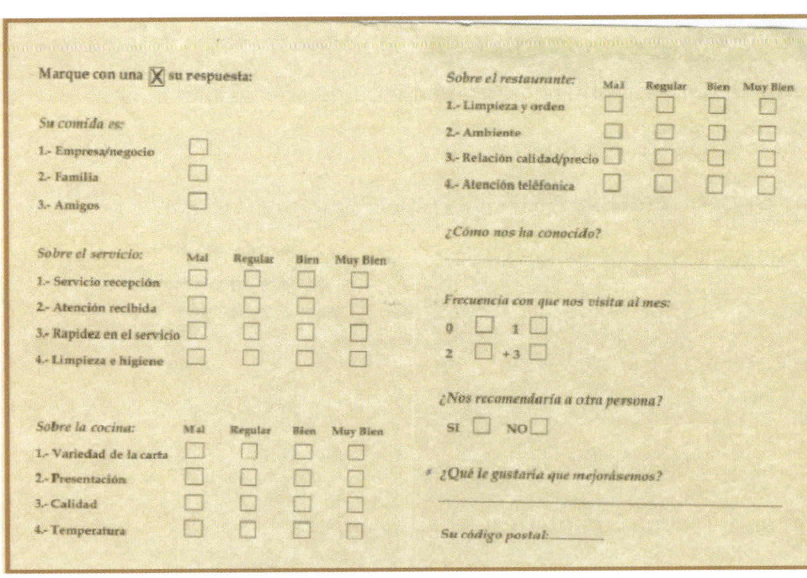

Marque con una ☒ su respuesta:

Su comida es:

1.- Empresa/negocio ☐
2.- Familia ☐
3.- Amigos ☐

Sobre el servicio:	Mal	Regular	Bien	Muy Bien
1.- Servicio recepción	☐	☐	☐	☐
2.- Atención recibida	☐	☐	☐	☐
3.- Rapidez en el servicio	☐	☐	☐	☐
4.- Limpieza e higiene	☐	☐	☐	☐

Sobre la cocina:	Mal	Regular	Bien	Muy Bien
1.- Variedad de la carta	☐	☐	☐	☐
2.- Presentación	☐	☐	☐	☐
3.- Calidad	☐	☐	☐	☐
4.- Temperatura	☐	☐	☐	☐

Sobre el restaurante:	Mal	Regular	Bien	Muy Bien
1.- Limpieza y orden	☐	☐	☐	☐
2.- Ambiente	☐	☐	☐	☐
3.- Relación calidad/precio	☐	☐	☐	☐
4.- Atención telefónica	☐	☐	☐	☐

¿Cómo nos ha conocido?

Frecuencia con que nos visita al mes:

0 ☐ 1 ☐
2 ☐ +3 ☐

¿Nos recomendaría a otra persona?

SI ☐ NO ☐

¿Qué le gustaría que mejorásemos?

Su código postal:

Figura 3.2. *Modelo real de cuestionario de satisfacción entregado en el restaurante "La taberna del capitán Alatriste" de Madrid.*

B) Inspecciones

Las inspecciones podrán ser realizadas por miembros de la propia empresa, generalmente pertenecientes al comité o a alguno de los grupos de calidad.

Pueden estar basadas en simples comprobaciones visuales, en instrumentos de medida o en comparaciones.

Ejemplo: El responsable de calidad revisa la limpieza de las habitaciones. El jefe de cocina comprueba que el peso de las piezas de carne es el apropiado, etc.

C) Mystery checking

El mystery checking es la adaptación para el sector de la hostelería del sistema de mystery shopping empleado en el área de comercio.

Se trata de la realización de una visita al establecimiento con el objetivo de comprobar la calidad y el nivel de atención al cliente que prestan los empleados. Es una visita de incógnito, de manera tal que los empleados no saben si a quien atienden es un cliente real o si, como es el caso, les realizan una inspección y evaluación de su desempeño.

El sistema de mystery checking aporta a la empresa las ventajas de una valoración discreta y profesional de todos los servicios en relación directa con el cliente. Las empresas que ofrecen los servicios de mystery shopping pueden diseñar estrategias junto a los responsables de la dirección del hotel, que persigan la comprobación de la calidad.

Además, y con los datos obtenidos, se generan estadísticas respecto a los competidores o confrontar el nivel de rendimiento con la media del sector.

Las **ventajas del sistema de mystery checking** son las siguientes:

- Mejorar el nivel de servicios.
- Comprobar el rendimiento de los empleados.
- Entender a los clientes.
- Mantener siempre a los clientes satisfechos.
- Aumentar las cifras de venta.
- Mejorar el inventario de existencias.
- Favorecer la fidelidad de los clientes.
- Mejorar la imagen corporativa.
- Compararse con establecimientos de la competencia.
- Comparar el rendimiento previo.

D) Gráficos de control

Los gráficos de control son una herramienta para medir si el proceso se encuentra dentro de los límites deseados. Su aplicación más frecuente es en los procesos industriales, aunque son válidos para cualquier proceso en toda organización.

Consisten en un diagrama, donde se van anotando los valores sucesivos de la característica de calidad que se está controlando. Los datos se registran durante el funcionamiento y a medida que se obtienen. Permiten un control visual del proceso y suministran una base para la acción que servirá para que los responsables de la toma de decisiones actúen a partir de la información que revela el gráfico.

E) Hoja de registro de tiempo o métodos de control de tiempo.

Se trata simplemente de anotar en unas hojas de registro los datos de los tiempos de las distintas fases de los procesos, para compararlos con los parámetros establecidos. Sirve para el cálculo del tiempo empleado en la realización de tareas.

Uno de los factores más importantes es el cálculo del precio del incumplimiento (coste de no calidad). Las hojas de registro de tiempos facilitan esta labor. Como componentes de este factor se puede incorporar: el tiempo empleado por el departamento de calidad en detectar y corregir errores de registro y de codificación contable, el tiempo para la realización de los informes de seguridad, el tiempo de cualquier proceso de fabricación, el tiempo muerto en la cadena de producción, etc.

F) Quejas o sugerencias

Son unas hojas que están a disposición de los clientes para que manifiesten su quejas y su falta de satisfacción de los productos y o servicios adquiridos, de tal forma que lleguen a la dirección de la organización. Se trata de que el cliente que no esté satisfecho por un determinado producto, o por la prestación de un servicio, rellene un formulario en donde manifieste las causas de su disconformidad.

Aunque es una de las herramientas más implantada en todas las organizaciones, no es una herramienta muy eficaz, puesto que la mayor parte de clientes no rellenan el formulario y, por tanto, no describen las causan por las cuales su experiencia ha resultado insatisfactoria. Se limitan a no comprar el producto o no demandar el servicio en un futuro.

Existen técnicas para incentivar el uso de esta herramienta como pueden ser estimular económicamente a los clientes que las presente, líneas 900, formularios web, etc.

El conocimiento del número de quejas permite obtener una idea global del nivel de fallos incurridos y permite conocer y corregir sus causas.

G) Evaluación 360º

Se trata de conseguir información de una o de un grupo de personas, pero de forma extensiva, para poder determinar diferentes posibilidades de formación, de corrección de errores, etc.

Los principales usos que se da a la evaluación de 360º son las siguientes (IESE 2002):

- Medir la eficacia del personal.
- Medir las competencias (conductas).
- Diseñar programas de desarrollo.

La evaluación de 360º pretende dar a los empleados una perspectiva de su cometido, lo más adecuada posible, al obtener aportes desde todos los ángulos: supervisores, compañeros, subordinados, etc. Si bien, en sus inicios esta herramienta sólo se aplicaba para fines de desarrollo, actualmente está utilizándose para medir la eficacia, para medir competencias y otras aplicaciones administrativas.

El propósito de aplicar la evaluación de 360º es darle al empleado la retroalimentación necesaria para tomar las medidas para mejorar su cometido, su comportamiento o ambos, y dar a la dirección del establecimiento la información necesaria para tomar decisiones en el futuro.

Para que tenga éxito, se requiere el compromiso de la alta dirección y una formación adecuada de todos los involucrados en el proceso.

Como muestra real de métodos de comprobación de calidad que utilizan las empresas del sector de hostelería y turismo, utilizaremos el caso de Sol Melià.

La cadena hotelera Sol Melià, a través de su página web, enumera y describe los métodos de comprobación de la calidad que lleva a cabo. Son los siguientes:

> ***Aplicamos un Programa de Control de Calidad basado principalmente en cuatro herramientas, explicados a continuación, que nos permite conocer si alcanzamos las altas cotas de calidad que deseamos ofrecer a nuestros clientes.
>
> ***Cuestionario satisfacción online (Market Metrix)***
>
> Sol Meliá, siendo pionero en el sector, lleva ya dos años trabajando con el cuestionario de calidad online. La herramienta consiste en el envío a través del correo electrónico de un cuestionario de satisfacción, adaptado para cada una de

nuestras marcas, al finalizar la estancia del cliente. Las principales ventajas de este sistema son el conocimiento de los resultados de satisfacción actualizados en tiempo real, la obtención de resultados de satisfacción de las cadenas hoteleras competidoras y la obtención de información más focalizada y amplia acerca de nuestros clientes.

Auditorías de Marca

Esta herramienta nos permite conocer el nivel de estandarización de cada uno de nuestros hoteles y, en el sentido más amplio, el de nuestras marcas. Consiste en la visita de un consultor especializado a cada una de nuestras marcas, en la que hace uso de todos los servicios e instalaciones del hotel. Posteriormente emite una serie de informes detallados con los resultados de la evaluación y se lleva a cabo un plan de acción para aplicar las medidas correctivas.

De cara al 2010 se realizó una mejora en nuestro sistema de control de calidad aportando a los hoteles una herramienta que les permite autoevaluarse de forma periódica con respecto a todos los estándares de la marca, permitiéndoles así establecer planes de acción periódicos sobre las áreas de mejora detectadas.

En 2009 se decidió incluir en las encuestas que contestan los clientes dos preguntas relacionadas con la sostenibilidad cuya cuantificación y resultados empezarán a obtenerse en 2010.

ASOMO: herramienta de monitorización Web 2.0

A través de esta herramienta, Sol Meliá monitoriza y analiza todos los comentarios que hay expuestos en los diferentes medios 2.0 (foros, blogs, webs independientes, etc). Podemos conocer así cómo nos percibe el mercado, descubrir nuevas necesidades de los clientes y la aceptación de nuevos productos que hayamos lanzado al mercado.

En el año 2009, el 77,1% de las opiniones vertidas en Internet sobre Sol Meliá fueron positivas, frente al 75,9% de 2008.

Reclamaciones y Agradecimientos

En caso de que un cliente desee hacer un comentario positivo o negativo sobre su estancia, Sol Meliá pone a disposición varias vías: directamente en el hotel durante su estancia o dirigiéndose posteriormente al Departamento de Calidad en las oficinas corporativas, quien gestiona con el hotel dicho escrito y se asegurará que el cliente reciba una respuesta en un plazo máximo de 48 horas.

Para el año 2009, la tasa de respuesta dentro del plazo establecido fue de un 85,2%, frente al 86,64% del 2008, habiéndose recibido un total de 2.135 comentarios de clientes, frente a los 2.500 de 2008.

*** Fuente: Web de Sol Melià.

3.2. Supervisión y medida del proceso y producto/servicio

Para las empresas del sector turístico es fundamental conocer las dimensiones de la calidad del servicio. Aunque la naturaleza del concepto de calidad del servicio es compleja, la mayor parte de los autores coinciden en que la calidad del servicio puede estudiarse a través de cinco dimensiones. Son las que mostramos en la siguiente tabla:

Elementos tangibles	Equipamiento de aspecto moderno
	Instalaciones agradables
	Apariencia personal
	Elementos tangibles atractivos
Fiabilidad	Cumplimiento de las promesas
	Interés en la resolución de problemas
	Realización del servicio a la primera
	Conclusión en el plazo acordado
	Ausencia de errores
Capacidad de respuesta	Personal comunicativo
	Personal rápido
	Personal colaborador
	Personal informado
Seguridad	Personal que transmite confianza
	Clientes seguros con su proveedor
	Personal amable
	Personal bien formado
Empatía	Atención individualizada al cliente
	Horario conveniente
	Atención personalizada de los colaboradores
	Preocupación por los intereses del cliente
	Comprensión de las necesidades del cliente

Por otro lado, para conseguir una correcta medida del proceso de servicio, es preciso tener en cuenta cómo identificar la ausencia o falta de calidad.

La falta de calidad del servicio se atribuye a cinco tipos de gaps o deficiencias:

- Deficiencia 1: Diferencia entre las expectativas de los usuarios y lo que los directivos perciben como expectativas de los mismos.

- Deficiencia 2: Diferencia entre lo que la dirección percibe que espera el usuario y las especificaciones de calidad que la empresa ha establecido para satisfacer tales expectativas.
- Deficiencia 3: Diferencias entre las especificaciones establecidas de calidad de servicio y el servicio prestado.
- Deficiencia 4: Diferencia entre el servicio prometido a través de la comunicación externa y el servicio prestado.
- Deficiencia 5: Diferencia entre las expectativas y las percepciones del consumidor sobre el servicio prestado.

3.2.1. Satisfacción del cliente

Tal y como hemos comprobado a lo largo de la unidad, la satisfacción viene dada por la diferencia entre las expectativas y las percepciones del cliente.

Según el modelo de deficiencias del apartado anterior, las cuatro primeras deficiencias se enmarcan dentro de la organización y contribuyen a que aparezca la deficiencia 5. Esta última es la denominada como **deficiencia percibida los clientes en la calidad del servicio**.

El logro de la satisfacción del cliente debe incidir, por tanto, en que la empresa deberá disminuya las deficiencias anteriores para evitar la presencia de la deficiencia 5.

La preocupación por la calidad y su medición queda así fijada en la visión del cliente, en su percepción de lo que debe ser la calidad. Los sistemas de medición de la calidad de servicio existentes miden fundamentalmente la deficiencia número 5. Los diferentes modelos y técnicas inciden en medir el nivel de satisfacción y, por tanto, el de calidad.

Entre los diferentes modelos más relevantes que existen para la medición de la calidad del servicio turístico destaca el modelo SERVQUAL (Service Quality), que se encarga de medir la calidad de los servicios como la diferencia entre las expectativas de un cliente para un servicio que ofrece al cliente y la percepción del servicio recibido (deficiencia 5), a través del tratamiento de la información recogida mediante cuestionarios.

El modelo SERVQUAL se dirige a todas las empresas turísticas, por lo que surge también el modelo HOTELQUAL, como herramienta para la medición de la satisfacción del cliente pero aplicado a los servicios de alojamiento. Su dinámica es prácticamente similar a SERVQUAL.

La puntuación de ambos modelos se calcula mediante la diferencia entre la puntuación de la percepción y la puntuación de la expectativa, de tal forma, que si el resultado es cero (percepción = expectativa) estaríamos ante un cliente satisfecho y la calidad es buena, si es negativo (percepción < expectativa), el cliente estaría insatisfecho y por tanto la calidad sería mala, y si el resultado es positivo (percepción > expectativa) el cliente estaría muy satisfecho y al superar lo que esperaba podría estar fidelizado.

Aunque el modelo más utilizado es el de la escala SERVQUAL, surgen otros modelos como el denominado SERVPEF, basado únicamente en las percepciones del cliente. El modelo LODGSERV se utiliza en hoteles, LOGQUAL en hostelería, DINESERV en restaurantes o ECOSERV en servicios de ecoturismo.

También existen adaptaciones de la escala para otras empresas turísticas, como las agencias de viajes. Otros modelos que intentan mejorar los anteriores son, por ejemplo, el **modelo del desempeño evaluado**, que evalúa la calidad del servicio percibida como «la congruencia relativa entre el producto y las característica ideales del producto para el consumidor» o el **modelo de calidad normalizada**, que compara la calidad percibida de otro objeto que se toma como referente.

3.2.2. Supervisión y medida de productos/servicios

Medir los productos y servicios implica medir o calibrar la satisfacción del cliente. Como hemos expresado anteriormente, el sistema más aceptado en el sector de hostelería y turismo es el sistema SERVQUAL.

La metodología SERVQUAL se desarrolla en cinco vertientes que caracterizan a un servicio y las cuales están representadas en un cuestionario de 22 preguntas.

Los datos obtenidos en el cuestionario permiten identificar y cuantificar los aspectos más importantes que determinan el grado de satisfacción en los clientes.

La medición del grado de satisfacción de los clientes proporciona la medición de la calidad de un servicio.

Según este sistema, se analizan los siguientes parámetros:

A) Elementos tangibles

Representan las cualidades físicas. Como por ejemplo, la apariencia del proveedor, las instalaciones, equipos, personal y otros elementos con los que el cliente está en contacto al contratar el servicio.

B) Confiabilidad

Implica la capacidad que tiene la organización para ejecutar el servicio prometido de forma adecuada y constante.

C) Capacidad de respuesta

Es la capacidad de ayudar a los clientes y satisfacer sus necesidades con un servicio rápido.

D) Seguridad (Garantía)

Son las aptitudes y atención mostradas por los trabajadores respecto al servicio que están ofreciendo, además de la habilidad de los mismos para inspirar confianza y credibilidad.

En ciertos servicios, la seguridad representa el sentimiento de que el cliente está protegido en sus actividades y/o en las transacciones que realiza mediante el servicio.

E) Empatía

Es el grado de atención personalizada que ofrecen las empresas a sus clientes.

El modelo SERVQUAL se basa en el estudio y análisis de los datos obtenidos a través de su **cuestionario**. La aplicación es la siguiente:

Según el modelo SERVQUAL, para cada una de las de cinco dimensiones de un servicio de calidad, definidas anteriormente, se han diseñado una serie de preguntas.

El cuestionario se ajustará a las características generales del hotel, así como las instalaciones con que cuenta y los servicios que ofrece.

Figura 3.3. *El cuestionario es la base del modelo SERVQUAL*

A continuación presentamos un listado de las preguntas que conforman dicho cuestionario, agrupadas por dimensión para facilitar su análisis.

- **Elementos tangibles**
  - ¿Las instalaciones del hotel resultan modernas?
  - ¿Los empleados del hotel tienen una apariencia limpia y agradable?
  - ¿La habitación cuenta con todos los servicios necesarios para sentirme cómodo durante mi estancia?
  - ¿El hotel cuenta con todas las instalaciones, facilidades y servicios que necesito para disfrutar de mis vacaciones?
  - ¿El servicio de restaurante con que cuenta el hotel ofrece comida de calidad, con menús amplios y de excelente cocina?
- **Confiabilidad**
  - ¿Los distintos servicios que me presta el hotel son presentados correctamente?
  - ¿Si alguien en el hotel se compromete a hacer algo por mí, lo hará desde la primera vez?
  - ¿Cuándo necesito ayuda o algo en particular, siento toda la confianza de acudir al personal del hotel para que se haga cargo de mi asunto?
  - ¿En todo momento, a todas horas del día y en todos los lugares de hotel recibo un servicio de calidad?
- **Capacidad de respuesta**
  - ¿El personal del hotel siempre está dispuesto a atenderme y ayudarme?
  - Si se me presenta un problema o necesito ayuda, ¿el personal del hotel me ayudará a resolverlo inmediatamente?
  - ¿Si solicito algo al personal del hotel, me informarán exactamente cuando me lo proporcionarán, y cumplirán con ello?
  - ¿Si requiero de algo especial que generalmente no se encuentra en el hotel, sé que me ayudarán a conseguirlo?
- **Seguridad**
  - ¿Me siento seguro de dejar mis pertenencias en mi habitación?
  - ¿Confío en la integridad de las personas que trabajan en el hotel?

- ¿Confío en que nunca entrará al hotel alguien que no esté autorizado para hacerlo?
- ¿Me siento tranquilo y seguro dentro del hotel?

- **Empatía**
  - ¿El personal del hotel siempre está atento a mis deseos y necesidades?
  - ¿El personal del hotel siempre está con una sonrisa en el rostro; se muestra interesado por servir a los huéspedes?
  - ¿En el hotel me prestan una atención muy personal?
  - ¿El ambiente que hay en el hotel me hace sentir cómodo(a), como en casa?
  - ¿En las áreas comunes (alberca, playa, áreas de juegos) hay un ambiente divertido y agradable?
- **Pregunta de calificación de la calidad general del hotel**
  - ¿Cómo calificaría el servicio general del hotel en una escala del 1 al 10 (muy pobre-excelente)?

3.3. Gestión de los datos

En la aplicación de cualquier sistema de calidad o, en general, en las empresas en las que se realice algún tipo de comprobación de los niveles de calidad, se obtienen datos que serán muy valiosos para tomar futuras decisiones y, en bastantes ocasiones, incluso esos datos pueden ser decisivos para otorgar o no la certificación de calidad.

3.3.1. Objetivos

Según la norma ISO 9000, la organización debe determinar, recopilar y analizar los datos apropiados para demostrar la idoneidad y la eficacia del sistema de gestión de la calidad y para evaluar dónde puede realizarse la mejora continua de la eficacia del sistema de gestión de la calidad.

Esto debe incluir los datos generados del resultado del seguimiento y medición y de cualesquiera otras fuentes pertinentes.

El análisis de datos debe proporcionar información sobre:

a) La satisfacción del cliente.

b) La conformidad con los requisitos del producto.

c) Las características y tendencias de los procesos y de los productos, incluyendo las oportunidades para llevar a cabo acciones preventivas.

d) Los proveedores.

3.3.2. Sistema de información de la calidad a la Dirección

La norma ISO propone que la Dirección, a través de determinada documentación, informe y reciba información acerca de los procesos del sistema de calidad y de manera obligada por el propio funcionamiento de la norma.

El apartado 4.2 de la norma establece la obligación de que la empresa elabore y mantenga actualizados una serie de documentos. Esta documentación describe la estructura, gestión, medición y revisión del sistema de gestión de la calidad. Los documentos para formar un sistema de aseguramiento de la calidad son cinco:

1. **Manual de calidad**: establece la política de la calidad y los elementos del sistema de la calidad de acuerdo con dicha política, así como los objetivos generales de la calidad y, en su caso, las normas de referencia elegidas.
2. **Procedimientos operativos**: cada procedimiento describe un proceso del sistema de calidad y especifica la forma de realizarlo.
3. **Instrucciones de trabajo:** documentos que se establecen para los procedimientos operativos que requieran de una explicación más clara y concisa del proceso.
4. **Registros:** documentos que proporcionan evidencia que indica que se están realizando las actividades establecidas en los procedimientos documentados e instrucciones de trabajo.
5. **Otros documentos de apoyo** (formularios, especificaciones, documentos externos, etc.)

El **manual de calidad** es el principal documento de un sistema de calidad, en el cual se describen las partes fundamentales del sistema. Dependiendo del tamaño y la complejidad de cada organización, el manual puede variar en cuanto a detalle y formato. En él se deben contemplar todas las actividades del sistema. Se recomienda que contenga la siguiente información:

- Política de calidad de la organización.
- La estructura organizativa de la empresa.
- La visión general de todo el sistema de calidad.

- Las políticas concretas para cada uno de los requisitos que componen el sistema.

Para ordenar estos contenidos, la estructura del manual, normalmente, consiste en que la numeración de sus capítulos mantenga la correlación con los apartados de la norma. De esta se obtiene una estructura general para cualquier manual.

- Portada
- Registro de revisiones
- Índice
- Declaración de la Política y Objetivos de Calidad (capítulo 0)
- Presentación de la empresa y del Sistema de Gestión de Calidad (capítulo 1)
- Objeto y campo de aplicación del Manual de Calidad (capítulo 2)
- Términos y definiciones (capítulo 3)
- Sistema de gestión de la calidad (capítulo 4)
- Responsabilidad de la dirección (capítulo 5)
- Gestión de los recursos (capítulo 6)
- Realización del producto (capítulo 7)
- Medición, análisis y mejora (capítulo 8)
- Anexos del manual

3.3.3. Informes

En cuanto a los informes acerca del control, análisis, medición y comprobación de la calidad, hay que tener presente los siguientes apartados:

- Si son preceptivos para el cumplimiento del requisito de alguna Norma.
- Si forman parte de las especificaciones que se hayan realizado en el manual de calidad.
- Los autores y destinatarios del informe. Generalmente los elabora el comité de calidad y se dirigen a la gerencia del establecimiento.
- El contenido. Los apartados más relevantes son los siguientes:
  - Exposición de motivos.
  - Sistema de obtención de la información.

- Errores detectados.
- Conclusiones.

3.3.4. La calidad asistida por ordenador

El control de calidad está referido a la verificación que recibe cada bien producido. Esta verificación implica la comprobación de que el producto o el servicio cumple con todas las especificaciones mínimas exigidas para poder ser considerarlo como un producto no defectuoso.

Este proceso de verificación implica contar con una relación de parámetros que hay que comprobar y, de ser el caso, de encontrar un producto que no cumple con los valores establecidos para dichos parámetros, este debe ser rechazado o corregido.

Por tanto, con el objetivo de realizar esta acción de una manera más rápida y confiable, se hace uso de métodos de control de calidad, los cuales por las exigencias y la tecnificación actual, se desarrollan de manera automática.

El control de calidad asistido por ordenador será el control de calidad realizado en forma automatizada y se puede realizar bajo dos modalidades:

Inspección asistida por ordenador: implica el uso del ordenador para interactuar con sistemas de medición, para verificar características externas del producto (forma, dimensiones, acabado, etc.).

Prueba asistida por ordenador: implica el uso del ordenador para recolectar datos provenientes de equipos de pruebas que aseguran la calidad interna del producto (características térmicas, mecánicas, químicas, etc.). Un ejemplo de este sistema sería el uso de cámaras de presión para verificar la dureza de los colchones de las camas.

3.3.5. Métodos estadísticos

Los métodos estadísticos consisten en técnicas gráficas que ayudan a comprender los procesos de trabajo de las organizaciones para evaluar la calidad de sus servicios y promover su mejora.

Los más empleados son los siguientes:

A) Diagrama causa-efecto, de Ishikawa o de espina de pescado

- Permite expresar gráficamente el conjunto de factores que son causa de un determinado problema

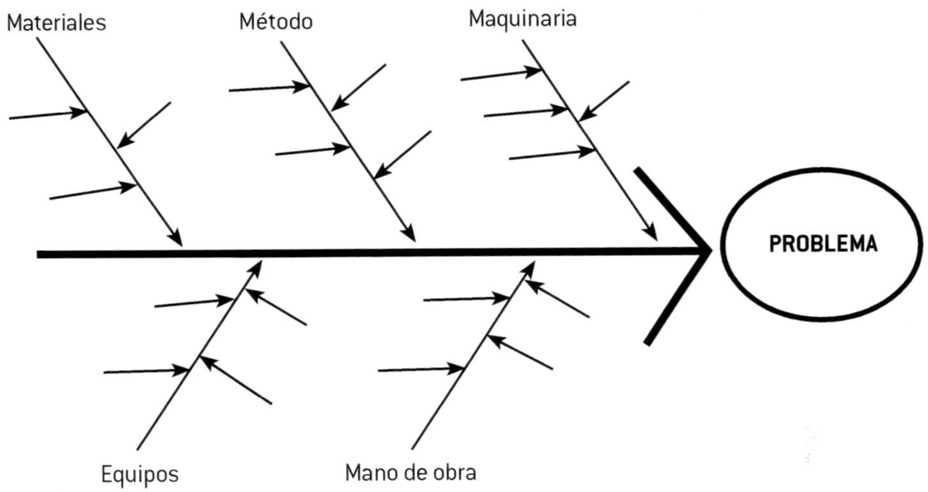

Figura 3.4. *Diagrama de Ishikawa.*

- Número de causas principales no demasiado elevado (factores relacionados con materiales, maquinaria, mano de obra, métodos o equipos)
- Combinación con otras técnicas (brainstorming)
- Utilizaciones:
  - Proporciona una metodología racional para la resolución de problemas.
  - Permite sistematizar las posibles causas de un problema.
  - Favorece el trabajo en equipo al permitir que los trabajadores aporten creativamente sus opiniones.

B) Diagrama de Pareto

- Basado en la ley de Pareto: alrededor del 20% de las causas producen el 80% de los efectos (pocos vitales, muchos triviales)
- Utilizaciones:
  - Permite detectar las principales causas de un problema prioritarios sobre los cuales actuar.
  - Gracias a las frecuencias acumuladas permite cuantificar la importancia relativa de las causas y comparar en el tiempo la eficacia de las medidas puestas en marcha.

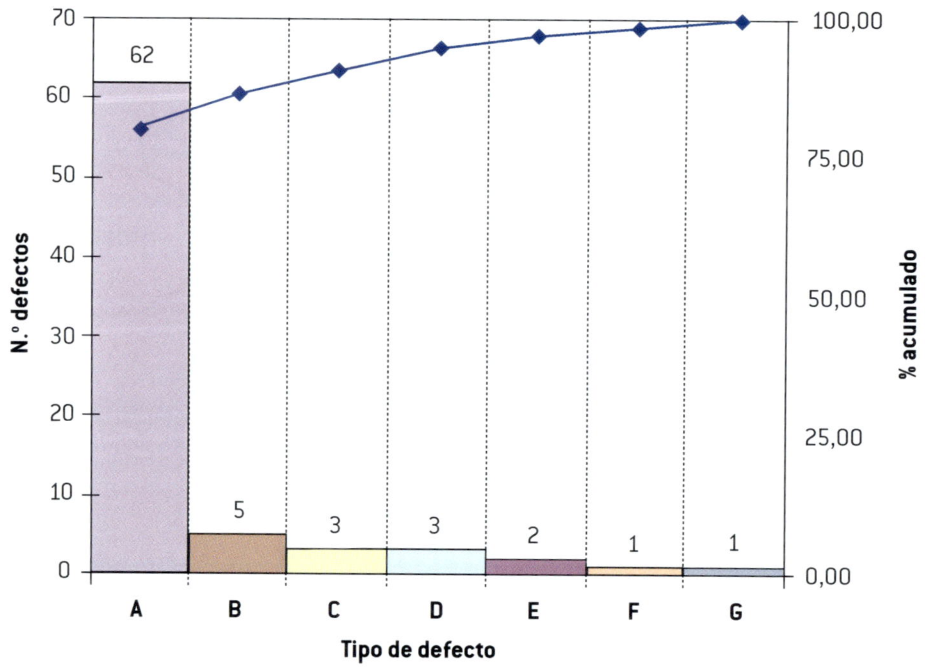

Figura 3.5. *Diagrama de Pareto.*

C) Histograma

El histograma es una representación gráfica de la variación de un conjunto de datos, que indica cómo se distribuyen los valores de una o varias características (variables) de los elementos de una muestra o población, obtenidos mediante un determinado proceso, mostrando el grado de variación del mismo.

Se utiliza para la ordenación de datos y hechos que son utilizados en la medición de datos para poder seleccionar los problemas para su resolución y para la mejora de la calidad.

El histograma es como una radiografía del proceso en un momento determinado y puede suministrarnos varias características como:

- Media de los valores del mismo (centrado).
- Distribución de las medidas (distribución).
- Tipo de distribución (forma).
- Visión clara y efectiva de la variabilidad del sistema.
- Mostrar el resultado de un cambio de sistema.
- Identificar anormalidades examinando la forma.
- Comparar la variabilidad con los límites de especificación.

Un ejemplo de este tipo de herramientas sería un gráfico mostrando la evolución de las no conformidades detectadas en la organización durante un periodo de tiempo determinado.

D) Diagrama de correlación

El diagrama de correlación es una representación gráfica en un eje de coordenadas de los datos que se recogen sobre dos variables para poder estudiar si existe relación de causa efecto entre ellas.

Se utiliza para comprender si se encuentran vinculadas entre sí dos magnitudes y en qué medida. Sirve para verificar causas reales, definir y medir relaciones existentes entre dos variables. Se instrumentaliza en cuatro fases:

- Recogida de datos.
- Representación de datos.
- Interpretación.
- Medición de la correlación.

Puede ser de cuatro tipos:

- De correlación positiva: al aumentar el valor de una variable, aumenta la de la otra.
- De correlación negativa: cuando aumenta una variable la otra disminuye.
- De correlación no lineal: la relación estadística entre las dos variables no está descrita por una recta.
- Sin correlación.

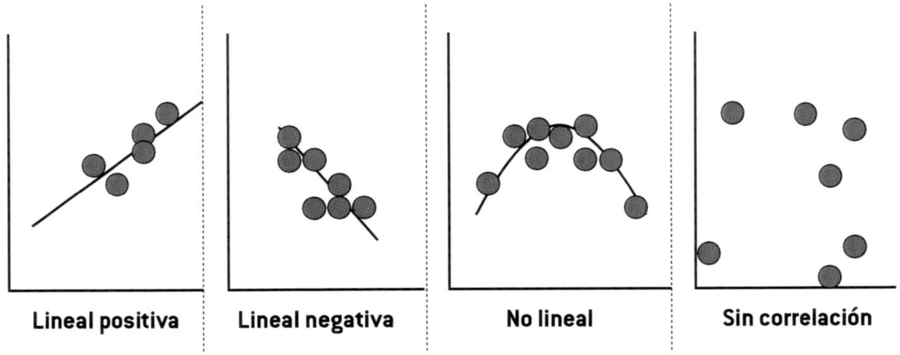

Figura 3.6. *Diagrama de correlación.*

3.4. Evaluación de resultados

Los resultados obtenidos tras las mediciones, análisis y controles de la calidad, bien a través de un sistema de gestión de calidad o bien con el objetivo de conocer los niveles de satisfacción, pueden llevar a dos tipos de acciones: acciones correctoras o acciones de mejora.

3.4.1. Propuestas de mejora

Según lo expuesto en la ISO 9000 y en consonancia con cualquier sistema que aplique los fundamentos de la calidad total y de la mejora continua, el objetivo es que la organización debe mejorar continuamente la eficacia del sistema de gestión de la calidad mediante el uso de la política de la calidad, los objetivos de la calidad, los resultados de las auditorías, el análisis de datos, las acciones correctivas y preventivas y la revisión por la dirección.

A) Acción correctiva

La organización debe tomar acciones para eliminar las causas de las no conformidades con objeto de prevenir que vuelvan a ocurrir. Las acciones correctivas deben ser apropiadas a los efectos de las no conformidades encontradas.

Debe establecerse un procedimiento documentado para definir los requisitos para:

a) revisar las no conformidades (incluyendo las quejas de los clientes).

b) determinar las causas de las no conformidades.

c) evaluar la necesidad de adoptar acciones para asegurarse de que las no conformidades no vuelvan a ocurrir.

d) determinar e implementar las acciones necesarias.

e) registrar los resultados de las acciones tomadas.

f) revisar la eficacia de las acciones correctivas tomadas.

B) Acción preventiva

La organización debe determinar acciones para eliminar las causas de no conformidades potenciales para prevenir su ocurrencia. Las acciones preventivas deben ser apropiadas a los efectos de los problemas potenciales.

Debe establecerse un procedimiento documentado para definir los requisitos para:

a) determinar las no conformidades potenciales y sus causas.

b) evaluar la necesidad de actuar para prevenir la ocurrencia de no conformidades.

c) determinar e implementar las acciones necesarias.

d) registrar los resultados de las acciones tomadas.

e) revisar la eficacia de las acciones preventivas tomadas.

Tanto las acciones correctivas como las acciones preventivas representan propuestas de mejora para el siguiente periodo de análisis de la calidad.

EJERCICIOS

3.1. ¿Cuáles son los principales métodos de comprobación de la calidad?

3.2. ¿Qué dificultades presenta la medida de la satisfacción del cliente?

3.3. ¿Cuál es la principal medida de la calidad del servicio? ¿Por qué?

3.4. ¿Qué es el modelo SERVQUAL?

3.5. Define los principales métodos estadísticos.

3.6. ¿Qué apartados debe contener un manual de calidad?

3.7. ¿Qué es la evaluación 360º?

3.8. ¿Cuáles son los parámetros según el modelo SERVQUAL?

3.9. ¿Qué es el mystery checking?

Solución de ejercicios

EJERCICIOS CAPÍTULO 1

1.1. ¿Qué es el ICTE?

a. Instituto de Cooperación Turística Española.

b. Instituto de Calidad Turística Española.

1.2. ¿Cuáles son los Organismos de normalización de las normas ISO 9000?

- Organismo Internacional para la Normalización (ISO): es un organismo que establece las normas a cumplir en el ámbito internacional.
- Comité Europeo de Normalización (CEN): aplica la normativa en el ámbito europeo.
- Asociación Española de Normalización(AENOR).

1.3. ¿Cómo se define el modelo EFQM?

Es el marco conceptual que permite a las organizaciones llevar a la práctica y hacer realidad los conceptos fundamentales de la excelencia.

1.4. ¿Cuáles son las ventajas para la empresa después de implantar un sistema de calidad?

La principal ventaja es el reconocimiento ante terceros y la garantía de que en una empresa que tenga implantado un sistema de calidad se cumple con una serie de requisitos.

1.5. ¿Qué relaciona a la calidad y al rendimiento?

La gestión de la calidad total es el concepto que relaciona a la calidad y al rendimiento. La gestión de la calidad total (TQM) es una estrategia que puede aumentar la diferenciación y disminuir los costes de las empresas. Diferentes estudios han mostrado que la TQM puede influir positivamente sobre el rendimiento o el desempeño empresarial.

1.6. Enumera y define los costes de mejora de la calidad.

Los costes de mejora de la calidad son los costes de prevención. Son aquellos en los que incurre la empresa para evitar fallos en los productos y en los servicios. Por lo tanto, el coste de las actividades dirigidas a anticiparse a los posibles defectos en el diseño y desarrollo del producto, en las compras de suministros, en la adquisición de equipos e instalaciones, e incluso en la preparación del personal, se consideran costes de prevención.

También deben incluirse en este apartado los costes de certificación de los sistemas de calidad conforme a las normas nacionales e internacionales.

1.7. ¿Qué diferencia existe entre acreditación y certificación?

La acreditación es el reconocimiento formal de la independencia y la capacidad técnica de un organismo de evaluación de la conformidad para desarrollar su labor con arreglo a requisitos reconocidos internacionalmente.

La certificación es la acción llevada a cabo por una entidad independiente de las partes interesadas mediante la que se manifiesta que una organización, producto, proceso o servicio, cumple los requisitos definidos en unas normas o especificaciones técnicas.

Por tanto, mediante la acreditación (en España lo realiza la ENAC) se reconoce a organismos de evaluación que después proceden a certificar a las empresas.

1.8. ¿En qué consiste el aseguramiento de la calidad?

Según la ISO 9000 el aseguramiento es la parte de la gestión de la calidad orientada a proporcionar confianza en que se cumplirán los requisitos de la calidad.

1.9. ¿Cuál es el principal indicador del servicio de hostelería y turismo? ¿por qué?

El principal indicador del servicio es la satisfacción de los clientes. Esto es así puesto que la calidad consiste en igualar las expectativas de los clientes a sus percepciones, y solamente se logrará esa calidad cuando se consiga la satisfacción.

1.10. ¿Qué diferencia al sistema ISO 9000 del Modelo EFQM?

En primer lugar como se ha especificado anteriormente se distinguen en que uno es una norma y el otro es un modelo de Calidad total.

Por otro lado, la norma ISO 9000 constituye, con frecuencia, una parte del proceso que engloba el modelo EFQM.

Además, el modelo EFQM tiene vigencia en Europa mientras que la norma ISO 9000 está extendida por todo el mundo.

A diferencia de la norma ISO 9000, el modelo EFQM no permite la obtención de ningún certificado sino que establece criterios y subcriterios que son evaluados por la empresa para establecer sus puntos débiles y fuertes y para planificar las estrategias correspondientes.

EJERCICIOS CAPÍTULO 2

2.1. ¿Cuáles son los tres principales enfoques o sistemas de gestión de calidad en hostelería y turismo?

En el sector de hostelería y turismo los tres principales enfoques, o sistemas de gestión de calidad empleados son:

A) Sistema de normalización según la ISO, familia ISO 9000

B) El modelo EFQM

C) Marca Q, Marca de Calidad Turística Española, común a cualquier actividad relacionada con los servicios o productos turísticos.

2.2. ¿Cuáles son las normas de la Familia ISO 9000?

- La **norma ISO 9000** describe los fundamentos de los sistemas de gestión de la calidad y especifica la terminología para los sistemas de gestión de la calidad.
- La **norma ISO 9001** especifica los requisitos para los sistemas de gestión de la calidad aplicables a toda organización que necesite demostrar su capacidad para proporcionar productos que cumplan los requisitos de sus clientes y los reglamentarios que le sean de aplicación, y su objetivo es aumentar la satisfacción del cliente.
- La **norma ISO 9004** proporciona directrices que consideran tanto la eficacia como la eficiencia del sistema de gestión de la calidad. El objetivo de esta norma es la mejora del desempeno de la organización y la satisfacción de los clientes y de otras partes interesadas.
- La **norma ISO 19011** proporciona orientación relativa a las auditorías de sistemas de gestión de la calidad y de gestión ambiental.

2.3. Enumera los principios de gestión de la calidad según la ISO 9000

Son ocho principios:

1. Enfoque al cliente
2. Liderazgo
3. Participación del personal
4. Enfoque basado en procesos
5. Enfoque de sistema para la gestión
6. Mejora continua
7. Enfoque basado en hechos para la toma de decisión
8. Relaciones mutuamente beneficiosas con el proveedor

2.4. Criterios de los agentes facilitadores según el EFQM

Los criterios de los agentes facilitadores son:

Liderazgo- personas- política y estrategia- alianzas y recursos- procesos.

2.5. ¿Cuál es el sistema de gestión de calidad específico para empresas de hostelería y turismo?

Es el sistema de la Marca de Calidad Turística Q

2.6. Enumera los componentes del sistema Q propuesto por ICTE

- La norma de calidad
- El sistema de certificación
- La marca de calidad
- El ente gestor

2.7. ¿En qué se diferencias las normas Q de Calidad Turística Española y la clasificación por estrellas en un hotel?

La clasificación por estrellas (o por tenedores para los restaurantes) mide la categoría asociada a una serie de atributos físicos y servicios. En cambio, las normas de calidad Q miden niveles de calidad.

2.8. Definición de proceso. ¿Qué tipos de procesos existen?

Un proceso es cualquier actividad o conjunto de actividades que utiliza recursos que transforman elementos de entrada en resultados. Los tipos de procesos son:

- Procesos estratégicos.
- Procesos operativos.
- Procesos de soporte.

2.9. Señala tres diferencias entre el Modelo EFQM y la Norma ISO 9000.

ISO 9000	MODELO EFQM
Las empresas la utilizan por exigencia propia o de terceros.	Las empresas lo utilizan de forma voluntaria y nunca es exigido por terceros.
La norma es objetiva y orienta a todos los participantes en una dirección.	La autoevaluación es subjetiva y da lugar a diferentes sistemas de gestión.
Las personas que evalúan son externas e independientes y están formadas específicamente para ello.	Las personas que evalúan son de la propia organización y han sido formadas específicamente para ello.

2.10. ¿Cuál es el sistema de calidad que no precisa agentes externos para su evaluación? ¿Por qué?

Se trata del Modelo EFQM. No precisa agentes externos puesto que a través de la implantación del Modelo EFQM no se obtiene ninguna certificación y, por tanto, no debe ser evaluado por ningún organismo externo. La evaluación se realiza dentro de la propia empresa.

EJERCICIOS CAPÍTULO 3

3.1. **¿Cuáles son los principales métodos de comprobación de la calidad?**

- El cuestionario
- Inspecciones
- Mystery checking
- Gráficos de control
- Hoja de registro de tiempo o métodos de control de tiempo
- Quejas o sugerencias
- Evaluación 360°

3.2. **¿Qué dificultades presenta la medida de la satisfacción del cliente?**

Las dificultades respecto a la medida de la satisfacción del cliente están todas referidas a la complejidad de la medida de un servicio. Es decir, que se mide según el grado de correspondencia entre las expectivas y las percepciones, y esta medida es siempre subjetiva. El problema es que es muy difícil adaptarlo a evidencias empíricas.

3.3. **¿Cuál es la principal medida de la calidad del servicio? ¿Por qué?**

La principal, y prácticamente la única medida de la calidad del servicio es la satisfacción del cliente. Si no existe satisfacción del cliente no existe calidad.

3.4. **¿Qué es el modelo SERVQUAL?**

El modelo SERVQUAL es el principal modelo que sirve para medir la calidad y la satisfacción en el servicio turístico. Su aplicación se basa en el análisis de un cuestionario de 22 preguntas.

3.5. **Define los principales métodos estadísticos.**

A) Diagrama causa-efecto, de Ishikawa o de espina de pescado

Es un método que permite expresar gráficamente el conjunto de factores que son causa de un determinado problema.

B) Diagrama de Pareto

Se basa en la ley de Pareto: alrededor del 20% de las causas producen el 80% de los efectos (pocos vitales, muchos triviales)

C) Histograma

El histograma es una representación gráfica de la variación de un conjunto de datos, que indica cómo se distribuyen los valores de una o varias características (variables) de los elementos de una muestra o población, obtenidos mediante un determinado proceso, mostrando el grado de variación del mismo.

D) Diagrama de correlación

El diagrama de correlación es una representación gráfica en un eje de coordenadas de los datos que se recogen sobre dos variables para poder estudiar si existe relación de causa efecto entre ellas.

3.6. ¿Qué apartados debe contener un manual de calidad?

- Portada
- Registro de revisiones
- Índice
- Declaración de la Política y Objetivos de Calidad (capítulo 0)
- Presentación de la empresa y del Sistema de Gestión de Calidad (capítulo 1)
- Objeto y campo de aplicación del Manual de Calidad (capítulo 2)
- Términos y definiciones (capítulo 3)
- Sistema de gestión de la calidad (capítulo 4)
- Responsabilidad de la dirección (capítulo 5)
- Gestión de los recursos (capítulo 6)
- Realización del producto (capítulo 7)
- Medición, análisis y mejora (capítulo 8)
- Anexos del manual

3.7. ¿Qué es la evaluación 360°?

Es uno de los métodos de comprobación de calidad. Se trata de conseguir información de una o de un grupo de personas, pero de forma extensiva, para poder determinar diferentes posibilidades de formación, de corrección de errores, etc.

3.8. ¿Cuáles son los parámetros según el modelo SERVQUAL?

Son cinco:

A) Elementos tangibles

B) Confiabilidad

C) Capacidad de respuesta

D) Seguridad (Garantía)

E) Empatía

3.9. ¿Qué es el mystery checking?

Es uno de los métodos empleados para la comprobación de calidad. Consiste en la visita a las instalaciones por parte de un supuesto cliente que analiza todos los parámetros de la calidad (instalaciones, trato adecuado, etc.) sin que los empleados del establecimiento tengan constancia de que no se trata de un cliente real.